Hartmut Wilke

Frösche

Fotos: Uwe Anders
Zeichnungen: Renate Holzner

- Sein Urahn, ein Fisch, verließ als erster das Wasser und eroberte das Land.

- Lebt zu Beginn seines Lebens als Kaulquappe im Wasser und atmet durch Kiemen.

- Besitzt nach der Verwandlung zum Frosch Lungen.

- Viele Frösche haben lange Beine und können weit springen.

- Ist oft sehr stimmgewaltig und veranstaltet regelrechte »Froschkonzerte«.

- Hat eine feuchte, empfindliche Haut.

- Kann 16 Jahre und älter werden; Kröten bis zu 30 Jahre.

- Ist in seinen natürlichen Lebensräumen zunehmend bedroht.

Vor 350 Millionen Jahren schickte sich ein Fisch an, das Wasser zu verlassen und das Land zu erobern. Er hatte Flossen wie ein Quastenflosser, und das Besondere daran war, daß diese ein Stützskelett enthielten. Der Urahn konnte damit an Land kriechen wie ein Molch heute. Das Problem mit dem Luftholen löste er, indem er die Schwimmblase als Lunge nutzte. Und gegen die Austrocknung an Land legte er sich eine schützende Schleimschicht zu. Im Lauf der Jahrmillionen wurde aus dem Fisch ein Schwanzlurch, aus dem wiederum durch Rückbildung des Schwanzes und Verstärkung der vier Gliedmaßen ein Froschlurch entstand. Diese Entwicklung kann man nach wie vor an der Verwandlung einer Kaulquappe in einen Frosch oder eine Kröte nachvollziehen.

ENTSCHEIDUNGSHILFEN

1 Es ist erwiesen, daß Frosch- und Schwanzlurche beim Menschen keine Allergien auslösen.

2 Haben Sie für das Terrarium einen sicheren Standort? Zugluft, dauernde Bodenschwingungen (Filterpumpen, Hifi-Anlage) und starke Besonnung dürfen nicht sein.

3 Terrarium und Wasser müssen stets in hygienisch einwandfreiem Zustand gehalten werden, was Zeit und Arbeit kostet.

4 Die meisten Lurcharten ernähren sich von lebenden Insekten, Regenwürmern oder Spinnen. Kaufen hat seinen Preis, selber züchten macht Mühe (→ Ernährung, Seite 36).

5 Frösche reagieren sehr empfindlich auf Austrocknung und Umweltchemikalien. Das bedeutet, daß Sie in ihrer Nähe aufs Rauchen verzichten und keine Luftverbesse-rungs- oder Insektensprays im Raum verwenden sollten.

6 Ein kranker Lurch muß zu einem Tierarzt gebracht werden, der sich mit den Behandlungsmethoden bei Fröschen und Molchen auskennt. Suchen Sie sich beizeiten so einen Spezialisten, damit Sie ihn im Notfall gleich bei der Hand haben.

7 Wer versorgt das Tier, wenn Sie krank oder in Urlaub sind? Arbeiten Sie rechtzeitig eine Vertretung ein.

8 Manche Arten möchten überwintern oder gehen in den Trockenschlaf. Wenn Sie ein solches Tier erwerben wollen, brauchen Sie eine geeignete Überwinterungsmöglichkeit (→ Seite 32).

9 Haben Sie schon Heimtiere, sollten Ihre Frösche vor ihnen geschützt sein. Sie aneinander zu gewöhnen ist nicht möglich.

10 Es gibt Arten, die Gift in speziellen Drüsen bilden. Vermeiden Sie daher intensiven Kontakt. In den allermeisten Fällen ist das Gift jedoch so schwach, daß es der menschlichen Haut nicht schadet. Die Haltung solcher Arten sollte jedoch tabu sein, wenn Sie Kinder und Heimtiere nicht fernhalten können.

Einzel- oder Paarhaltung?

Lurche sind in der Regel von Natur aus Einzelgänger, die nur zur Paarungszeit in Gesellschaft
zu finden sind. Während der Fortpflanzungszeit
sind die Frösche zwar geselliger, doch ergibt
sich diese Geselligkeit aus der Verteidigung des
Reviers gegen Rivalen und der Umwerbung der
Angebeteten.

Für die Paarhaltung brauchen Sie natürlich ein
Männchen und ein Weibchen, deren Unter-
scheidung anhand der äußeren Geschlechtsun-
terschiede in der Regel nur bei Kröten und
Schwanzlurchen relativ sicher zu bewerkstelli-
gen ist. Ansonsten ist es Glückssache, vor allem
bei der Anschaffung von mehreren Jungtieren

beziehungsweise Kaulquappen, weil das Ge-
schlecht nicht festgestellt werden kann (→
Männchen oder Weibchen?, Seite 11).

Auf jeden Fall sollten Sie ein geräumiges Terrarium wählen. Dann können mehrere Frösche ihr
Revier einnehmen und sich in Phasen der Un-
verträglichkeit leichter aus dem Weg gehen.

Auch sind rechtliche Voraussetzungen in Bezug
auf einen geplanten Verkauf des Nachwuchses
zu beachten (→ Artenschutz, Seite 23).

ANSCHAFFUNG UND EINGEWÖHNUNG

Frosch- und Schwanzlurche sind weltweit verbreitet und haben bis auf die Polregionen so gut wie alle Lebensräume erobert. So können sie nicht etwa nur in feuchten Regenwäldern überleben, sondern sind sogar in der Wüste zu finden. Wunderbar, wie sie »tricksen«, um sich selbst dort fortzupflanzen.

Wissenswertes über Frösche

Frösche heißen wissenschaftlich Froschlurche (*Salientia*) und bilden zusammen mit den Schwanzlurchen (*Caudata*) und den Blindwühlen (*Apoda*) die Gruppe der Amphibien oder Lurche. Der Name Amphibie kommt aus dem Griechischen und bedeutet »im Wasser und auf dem Land lebend und sich bewegend«. Damit ist die Natur des Lurches, die zwei Daseinsformen umfaßt, zutreffend beschrieben (→ Seite 4/5).

Der Unterschied zwischen Frosch- und Schwanzlurch besteht zunächst einmal nicht. Beide verbringen ihre Jugend als Kaulquappe im Wasser. Erst wenn ihre Verwandlung oder Metamorphose stattfindet, trennen sich die Wege. Der Frosch bekommt lange Hinterbeine, bildet den Kaulquappenschwanz zurück und verbringt den Rest seines Lebens in und am Wasser. Dem Schwanzlurch wachsen vier kurze Beine, er behält den langen Kaulquappenschwanz und bleibt im Wasser, oft so gut wie ausschließlich. Zu den Froschlurchen zählt man Frösche, Kröten und Unken, zu den Schwanzlurchen Molche und Salamander. Es gibt sie überall auf der Welt; Mittelamerika ist besonders reich daran. Und laufend werden neue Arten entdeckt, doch wird befürchtet, daß mit der Zerstörung der Regenwälder noch unentdeckte Arten mit zugrunde gehen.

Wie giftig sind Frösche?

Man kann sagen, daß manche Froscharten, besonders jedoch Kröten mehr oder weniger giftige Hautdrüsen besitzen. Bereits im Mittelalter wußte man, daß das Gift Halluzinationen hervorruft beziehungsweise krank macht, während es in einer entsprechenden Verdünnung schmerzlindernd ist.

Bekannt sind die sogenannten Pfeilgiftfrösche, farbenprächtige Fröschchen aus der Familie der Baumsteiger (→ IM PORTRÄT, Seite 12-19). Letztlich sind es aber nur ganz wenige Arten, mit deren Hautgift einige südamerikanische Indianerstämme ihre Blasrohrpfeile präparieren. In Nordamerika gibt es eine Krötenart, deren Drüsengift den Menschen in einen Rausch versetzt. Aus diesem Grunde ist das eher seltene Tier in seinem Bestand inzwischen stark bedroht.

Der Rotkopfbaumsteiger lebt an Baumstämmen und großwüchsigen Blattpflanzen.

Wie der Mensch zum Frosch kam

Um die Jahrhundertwende stieg das Interesse am lebenden Tier. Opfer war vor allen Dingen der Laubfrosch, den man in ein Einmachglas sperrte, damit er das Wetter voraussagte. Aber auch außerhalb unseres Kulturkreises fanden die Tiere mit der unverwechselbaren Physiognomie Beachtung. In Mittelamerika bildeten die Azteken Frösche in Gold nach oder zierten damit ihre Tongefäße. In Ägypten wurde die Kaulquappe zur Hieroglyphe für die Zahl Hunderttausend ausgewählt, der Frosch zum Symbol für die Entstehung des Lebens und der Auferstehung. Die Kröte konnte chinesische Krieger unverwundbar machen und spielt heute noch eine entscheidende Rolle bei einer bestimmten Trauzeremonie.

Welche Froscharten sich fürs Terrarium eignen

Für dieses Buch sind Arten ausgewählt, die mit einiger Sicherheit regelmäßig nachgezogen werden und somit auf dem Markt zu haben sind. Das Schwergewicht liegt bei den Pfeilgiftfröschen, weil sie als tropische Frösche im Terrarium leichter zu pflegen sind

als zum Beispiel europäische. Das »leicht« bezieht sich auf Platz- und Klimaansprüche sowie Fortpflanzungsmöglichkeiten. Außerdem sind sie wegen ihrer geringen Größe in Terrarien zu pflegen, die auch in kleine Wohnungen passen. Hingegen ist die Terrarienhaltung von europäischen Fröschen und Kröten in der Regel aus Platzgründen nicht möglich. Teich- und Grasfrösche brauchen mindestens einen Gartenteich, unsere heimischen Kröten einen Schrebergarten als Revier. Zur Fortpflanzung ist ebenfalls ein Teich notwendig und wo nicht, hat der Artenschutz der Haltung durch sein Verbot einen Riegel vorgeschoben.

Wo man Frosch- und Schwanzlurche bekommt

Durch das Washingtoner Artenschutzübereinkommen (WA) ist der Schutz bedrohter Tierarten, zu denen die Frösche gehören, international geregelt. Hinzu kommen Bestimmungen, die einheitlich für alle Länder der Europäischen Union gelten. Bevor Sie zum Kauf schreiten, sollten Sie sich darüber genau informieren (→ Tips, Seite 19 und 23).
Nicht geschützte Arten, zum Beispiel Feuerbauchmolch, Chinesische Rotbauchunke oder Amerikanischer Laubfrosch erhalten Sie in Zoofachgeschäften oder beim Züchter. Kaufen Sie nie spontan, sondern überprüfen Sie vorher, ob Sie die Lebensansprüche Ihres Wunschtiers erfüllen können und wollen. Lassen Sie sich den wissenschaftlichen Namen geben, und erkundigen Sie sich nach den Pflegebedingungen,

Manch ein Frosch ist ein richtiger Kletterkünstler.

Frösche, Kröten und Unken unterscheiden

	Frösche	Kröten	Unken
Haut	Glatt, weich und feucht.	Eher trocken, warzig.	Feucht (wasserlebend), warzig bis (weich-)stachelig.
Länge der Hinterbeine	Ferse reicht weit vor die Schnauzenspitze.	Ferse reicht nicht bis vor die Schnauzenspitze.	
Fortbewe- gung an Land	Springend; in der Regel machen Sprünge mehr als das Dreifache der Körperlänge aus.	Laufend und hüpfend; in der Regel machen Sprünge das Zwei- bis Dreifache der Körper- länge aus.	
Aufenthalt im und/ oder am Wasser	Einheimische Arten ganzjährig, andere Ar- ten → IM PORTRÄT, Seite 12-19.	Nur zur Laichzeit für Wochen, sonst auf dem Land.	Ganzjährig.

Achtung! Von allen Regeln gibt es Ausnahmen.

auch bei anderen Experten oder in der entsprechenden Fachliteratur (→ Seite 62).
Geschützte Arten sind in der Regel beim Züchter direkt erhältlich. Züchteradressen finden Sie in Terrarien- und Aquarienzeitschriften sowie im »Rundbrief« der DGHT (bei Mitgliedschaft kostenlos). Holen Sie Ihr Tier bitte stets selbst ab. Lassen Sie sich vom Züchter seine Anlage, gegebenenfalls die Überwinterungseinrichtung und die Elterntiere zeigen, und fragen Sie, was bei der Pflege zu beachten ist. Rascher können Sie sich gar nicht über Ihre Pfleglinge informieren. Außerdem haben Sie in Ihrem Züchter stets einen kompetenten Ratgeber für Notfälle. Es versteht sich von selbst, daß Ihre Anlage bereits eingerichtet sein muß, bevor Sie das Tier besorgen.
Hinweis: Wenn Ihr Wunschtier nicht gleich zu haben ist, können Sie es beim Züchter vorbestellen und sich in der Zwischenzeit mit der Biologie Ihres Pfleglings genauer beschäftigen. Außerdem ist es von Vorteil, sich rechtzeitig in der Futtertierzucht zu üben (→ Seite 37).

Männchen oder Weibchen?

Es ist nicht immer leicht, bei Amphibien Männchen oder Weibchen zu unterscheiden. Bei vielen Fröschen und Kröten sind Männchen in ausgewachsenem Zustand bedeutend kleiner als Weibchen. Manche Frösche entwickeln in der Fortpflanzungszeit feste Schwielen oder dornenartige Fortsätze an den Händen.
Bei den Schwanzlurchen haben viele Männchen zur Paarungszeit angeschwollene Kloakenregionen und vergrößerte Rückenkämme sowie Schwielen an der Innenseite der Schenkel und Zehenspitzen. Auch hier sind die Weibchen oft kräftiger als die Männchen.

Färberfrosch

Chinesische Rotbauchunke

Färberfrosch

Dendrobates tinctorius (→ oben links)
Bis 7 cm. Guayana-Gebiete, Brasilien; Regenwald bis etwa 400 m Höhe. Bodenvegetation.
<u>Haltung:</u> Im Terrarium, großblättrige Pflanzen
(Philodendron), Bromelien zur Deckung. Temperatur 27 °C (Tag), 20 °C (Nacht). Relative Luftfeuchtigkeit 80-95 % (künstlicher Bach). <u>Futter:</u>
Junge Heimchen, Drosophila. <u>Zucht:</u> Eiablage in
Laichhäuschen (Petrischale, halbe Kokos-
nußschale darübergestülpt, Eichenblätter als
Einstreu). Männchen bewässert Gelege (5-20
Eier). Trägt Larven in Bromeli-
enachsel. Handaufzucht
(einzeln) mit Zier-
fisch-
Trocken-
futter,

Blauer Baumsteiger

Mückenlarven. <u>Verhalten:</u> Tagaktiv. Rufe des
Männchens recht leise (Schnarren). Sehr vielfäl-
tiges Balzverhalten. <u>Ähnlich zu pflegen:</u> *Dendrobates granuliferus* (→ Seite 24).

Raketenfrosch

Colosthetus saulii (→ Seite 13, Mitte)
2,2-2,8 cm. Peru, bis etwa 800 m. Gebirgsbach-
bewohner, auf wasserumspülten Steinen. <u>Hal-</u>

*Gold-
baumsteiger*

Japanischer Feuerbauchmolch

Axolotl

Raketenfrosch

tung: Im Terrarium mit strömendem Wasser (Filterpumpe) und Sitzsteinen; für Larvenaufzucht Stillwasserzonen. Lufttemperatur 26 °C (Tag), 20 °C (Nacht). Wassertemperatur 20 °C. Relative Luftfeuchtigkeit 80-95%. Futter: Drosophila, junge Heimchen, Wiesenplankton. Zucht: Männchen bewacht und bewässert Eier. Trägt Larven nach dem Schlupf in ruhige Wasserzone. Handaufzucht (gemeinsam) mit Zier-

fisch-Trockenfutter und Mückenlarven möglich. Verhalten: Männchen pfeifen recht kräftig zur Reviermarkierung. Flüchten bei Gefahr ins Wasser. Sprungkräftig, daher Terrarien mit mindestens 60x45 cm Grundfläche.

Rotaugenlaubfrosch

Agalychnis callidryas (→ unten rechts) 5,5-7 cm. Mittelamerika, Regenwald bis 900 m. Lebt auf hohen Bäumen. Haltung: In Terrarien ab 1 m Höhe, senkrechte Strukturen zum Klettern, Bromelien, großblättrige Pflanzen. Temperatur 24-26 °C (Tag), 18-22 °C (Nacht). »Sonnenflecken«. Relative Luftfeuchtigkeit 70-95%. Futter: Fliegen, Heimchen,

Rotaugen-laubfrosch

Wiesenplankton. <u>Zucht:</u> 40-70 Eier an Blattunterseite über Wasser. Handaufzucht (gemeinsam) in bepflanztem Aquarium (24-26 °C); zur Planktonbildung (=Kaulquappennahrung) in die Sonne stellen. Fütterung mit Zierfisch-Trockenfutter, Mückenlarven, Wasserflöhen. <u>Verhalten:</u> Nachtaktiv; tagsüber in Bromelien oder an Blattunterseite »klebend«. Männchen rufen zur Paarungszeit mit »Glock«-Lauten. <u>Ähnlich zu pflegen:</u> *Hyla cinerea* (→ Seite 17, o. re.).

Goldbaumsteiger

Dendrobates auratus (→ Seite 12, u. li.)
2,5-6 cm. Nicaragua, Costa Rica, Panama bis Kolumbien. Trockene Bereiche im tropischen Regenwald, bis 800 m Höhe. <u>Haltung:</u> Gut geeignet für Anfänger. Wurzeln, Pflanzen, Eichenlaub zum Verstecken. Wasserstelle. Temperatur 24-26 °C (Tag), 18-20 °C (Nacht). Relative Luftfeuchtigkeit 80-95%. <u>Futter:</u> Kleininsekten, Wiesenplankton. <u>Zucht:</u> Einfach. 5-10 Eier pro Gelege. Handaufzucht mit Mückenlarven (auch aufgetautes Frostfutter) und Zierfisch-Trockenfutter möglich. <u>Verhalten:</u> Tagaktiv. Männchen ruft mit leisem »Trillern« laichbereite Weibchen zur Paarung. Vorspiel mit »Winken« und »Streicheln«.

Blauer Baumsteiger

Dendrobates azureus (→ Seite 12, Mitte)
5-6 cm. Surinam, ausschließlich im tropischen Regenwald. Lebt an Bachufern. <u>Haltung:</u> Im Terrarium mit Eichenlaub, Javamoos, Wurzeln, Steinen. Temperatur 25 °C (Tag), 20 °C (Nacht). <u>Futter:</u> Kleininsekten, Wiesenplankton. <u>Zucht:</u> Schwierig. Laichhäuschen erforderlich. 4-6 Eier pro Gelege. Handaufzucht einzeln oder gemeinsam in geräumigem Aquarium. Gut füttern mit Zierfisch-Trockenfutter, vornehmlich Mückenlarven. <u>Verhalten:</u> Tagaktiv. Männchen ruft leise »brummend«. Weibchen untereinander recht aggressiv, besonders zur Fortpflanzungszeit. <u>Ähnlich zu pflegen:</u> *Dendrobates fantasticus* (→ Seite 8).

Gelbgebänderter Baumsteiger

Dendrobates leucomelas (→ Seite 16, u. li.)
Bis 4 cm. Venezuela, Regenwald bis 800 m. Lebt zwischen Laub und niedrigen Pflanzen. <u>Haltung:</u> Großflächiges Terrarium, Baumstümpfe, kriechende Bepflanzung für Verstecke, Bachlauf. Eichenlaubeinstreu. Temperatur 24-26 °C (Tag), 19-22 °C (Nacht). Relative Luftfeuchtigkeit 70-95%. <u>Futter:</u> Wiesenplankton, Drosophila, frisch geschlüpfte Heimchen. <u>Zucht:</u> Am besten zur »Regenzeit« Mai bis Oktober. Laichhäuschen mit Eichenlaub. 3-6 Eier pro Gelege. Brutpflege durch Bewässern, Transport der Larven in Blattrichter. Handaufzucht (einzeln) mit Zierfisch-Trockenfutter (Algenflocken). Jungfrösche mit Drosophila füttern. <u>Verhalten:</u> Tagaktiv. Ganztägiges, recht kräftiges, langgezogenes Trillern des Männchens. »Gesellig«; bis zu drei Paare in Terrarium von etwa 90x50x60 cm.

Zwergbaumsteiger

Dendrobates pumilio (→ Seite 17, Mitte)
1,8-2,4 cm. Nicaragua, Costa Rica, Panama. Bodenlebend, im Regenwald bis 1000 m. Rote Variante als »Erdbeerfröschchen« bekannt. <u>Haltung:</u> Im Terrarium mit dichter Bodenbepflanzung, Wurzeln, Steinen als Ansitz, Bromelien auf Ästen. Temperatur 20-25°C. »Sonnenflecken« 28 °C. Relative Luftfeuchtigkeit 80-95%. <u>Futter:</u> Drosophila, frisch geschlüpfte Heimchen, Wiesenplankton. <u>Zucht:</u> Ganzjährige Balz. 4-11 Eier. Brutpflege durch Bewässern, Transport der Larven in wassergefüllte Bromelientrichter. Versorgung vom Weibchen mit »Nähreiern«. Handaufzucht (einzeln) mit Eigelb. Jungfrösche mit Springschwänzen (Zoofachhandel), später mit Drosophila. <u>Verhalten:</u> Leb-

haft, immer in Bewegung. Stimme des Männchens kräftiges, kurzes Rätschen. Ausgeprägtes Revierverhalten.

Zweipunkt-Baumsteiger

Dendrobates imitator (→ Seite 16, Mitte)
2 cm. Peru, Gebirgsregion. Lebt auf Bäumen in Bromelien oder im Buschwerk. <u>Haltung:</u> Unproblematisch. Hochformatiges Terrarium, Philodendron, Scindapsus, Äste mit Bromelien. Temperatur 28 °C (Tag), 22 °C (Nacht). Relative Luftfeuchtigkeit 80-95%. <u>Futter:</u> Kleinstinsekten wie Drosophila. <u>Zucht:</u> Möglich. 2-5 Eier an Blattunterseite. Brutpflege durch Bewässern, Transport der Larven in Blattrichter. Versorgung mit »Nähreiern«. Handaufzucht nur einzeln. <u>Verhalten:</u> Männchen mit grillengleich zirpender, auch trillernder Stimme.

Fünfstreifen-Baumsteiger

Dendrobates quinquevittatus (→ Seite 56)
1,6-2 cm. Amazonasgebiet, Kolumbien, Peru, Ecuador, Brasilien, Französisch-Guayana. Lebt sowohl in Bodennähe als auch in Bromelien der Baumkronen. <u>Haltung:</u> Terrarium hochformatig, Äste, Bromelien zum Klettern. »Sonnenflecken«. Temperatur 24-26 °C (Tag), 18-20 °C (Nacht). Relative Luftfeuchtigkeit 80-95%. <u>Futter:</u> Kleininsekten (Drosophila). <u>Zucht:</u> Einfach; ein Männchen kann mit 2-3 Weibchen zusammengesetzt werden. Ablage der 2-8 Eier

Auch an einer glatten Glasscheibe haftet der Rotaugenlaubfrosch fest.

in Bromelientrichter. Transport der Larven in wassergefüllte Blattrichter. Handaufzucht einzeln. Mit Mückenlarven füttern. <u>Verhalten:</u> Männchen signalisiert Paarungswilligkeit durch leises, grillenähnliches »Zirpen«. 2 Weibchen können sich gleichzeitig mit 1 Männchen in einem Blattrichter fortpflanzen. Männchen trägt Larven manchmal bis zu 3 Tagen auf dem Rücken, ehe es seinen Nachwuchs in eine neue Wasserstelle entläßt.

Zwergkrallenfrosch

Hymenochirus boettgeri (→ Seite 16, o. li.)
3 cm. Kongogebiet, Kamerun. Lebt in krautreichen Gewässern aller Art. <u>Haltung:</u> Aquarium ab 100 l, Heizfilter und Belüftung. Mit Glasscheibe/Gazerahmen abdecken (→ Seite 30). Feiner Kiesboden, Wasserpflanzen. Temperatur

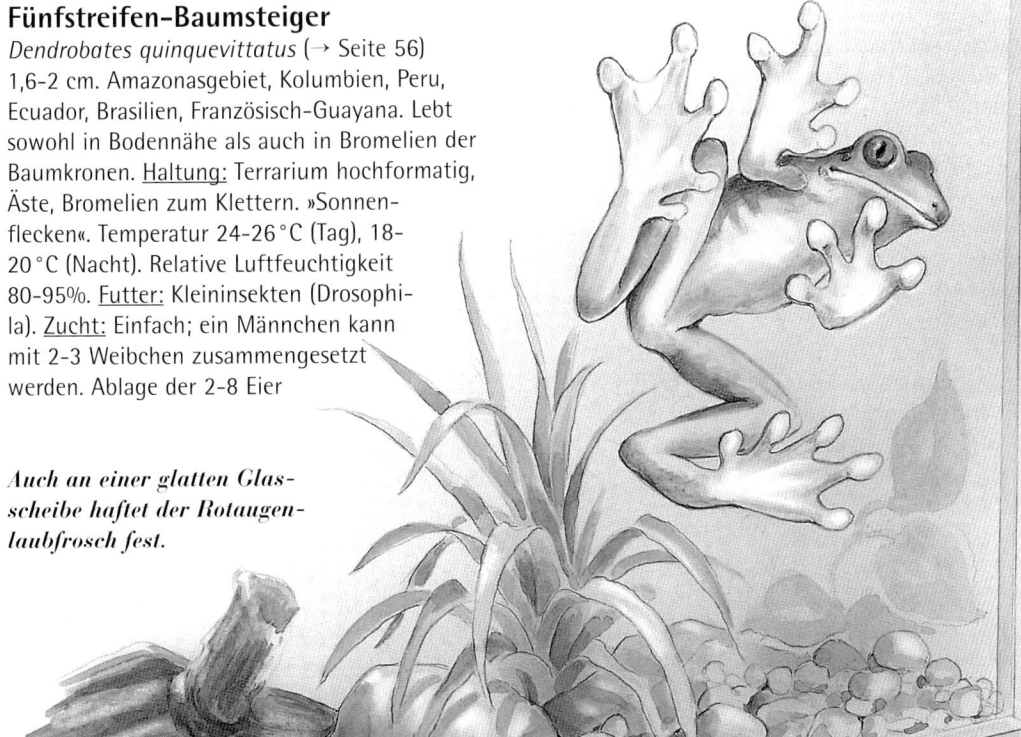

Zwergkrallenfrosch

Marmormolch

22-26 °C. <u>Futter:</u> Tubifex, Bachflohkrebse, Mückenlarven, Artemiakrebse und/oder kleine Regenwürmerstücke (2 cm), alles lebend. <u>Zucht:</u> Leicht möglich. Voraussetzung geräumiges Aquarium und Lebendfutter. Larven mit Salinenkrebslarven, nach 10 Tagen auch mit Mückenlarven und Zierfisch-Trockenfutter in zweitem Aquarium großziehen. <u>Verhalten:</u> Männchen »knarrt« in Balzstimmung hörbar unter Wasser. Aufwendige, schaukelnde Tänze. Konkurrenz-Ringkämpfe unter Wasser. Frösche häuten sich mit Hilfe der Hinterbeine, ziehen die Haut als »Hemd« über den Kopf und fressen sie auf (→ Seite 58).

Gelbgebänderter Baumsteiger

Zweipunkt-Baumsteiger

Gestreifter Blattsteiger
Phyllobates vittatus (→ Seite 17, u. re.)
3 cm. Costa Rica, Regenwälder Pazifikküste. Lebt in Kraut-/Strauchschicht an Bachufern. <u>Haltung:</u> Terrarium mit dichter Bodenbepflanzung, Wurzeln, Zweige mit Bromelien. Bachlauf. Temperatur 25 °C (Tag), 20 °C (Nacht). Relative Luftfeuchtigkeit 80-95%. <u>Futter:</u> Drosophila, junge Heimchen, Wiesenplankton gleicher

Dreistreifen-Blattsteiger

Amerikanischer Laubfrosch

Zwergbaumsteiger

Kleiner Blattsteiger

Phyllobates lugubris (→ Seite 57)
2,5 cm. Costa Rica, Panama, bis 600 m Höhe.
Lebt im dichten Unterholz der Regenwälder.
Haltung: Terrarium mit Rankpflanzen am Boden, Äste, Bromelien. Temperatur 24-26 °C
(Tag), 20-22 °C (Nacht). »Sonnenflecken«. Relative Luftfeuchtigkeit 80-100%. Futter: Drosophila und Wiesenplankton gleicher Größe,
frisch geschlüpfte Heimchen. Zucht: Gut möglich. 12-20 Eier auf Bromelienblättern oder im
Laichhäuschen mit Eichenlaubeinstreu. Brutpflege → *Ph. vittatus*, Seite 16. Handaufzucht mit Fisch-Flockenfutter, aufgetauten Mückenlarven.

Größe. Zucht: 7-20 Eier auf Bromelienblatt
oder in Laichhäuschen mit Eichenblatteinstreu.
Brutpflege durch Bewässern, Transport der Larven zur Wasserstelle. Handaufzucht mit Algen
(→ *Agalychnis callidryas*, Seite 13), Zierfisch-Trockenfutter, aufgetaute Mückenlarven. Verhalten: Helles, anhaltendes Trillern des Männchens. Revier-»Ringkämpfe«. Abwechslungsreiches Balzverhalten.

Gestreifter Blattsteiger

Greiffrosch

Phyllomedusa hypochondriales (→ Seite 20) 4,2-4,5 cm. Nördliches Südamerika. Lebt auf Blättern, zur Laichzeit über stehenden oder langsam fließenden Gewässern. <u>Haltung:</u> In hochformatigen Terrarien ab 50 cm Kantenlänge mit Wasserbecken, großblättrige (Rank-) Pflanzen wie Scindapsus, an denen der Frosch entlangklettern kann; er springt selten. Temperatur 24-25°C (Tag), 18°C (Nacht), »Sonnenflecken« im oberen Bereich. Relative Luftfeuchtigkeit 80-95%. <u>Futter:</u> Heimchen, Fliegen, Wiesenplankton. <u>Zucht:</u> Gelege mit 40-70 Eiern als Klumpen in Blattüte über Wasser. Nach Schlupf rutschen Larven ins Wasser. Fütterung mit Zierfisch-Trockenfutter. <u>Verhalten:</u> Dämmerungs- und nachtaktiv. Männchen zeigen durch nächtliches(!) kräftiges »Klock«-Rufen Laichbereitschaft an. Umklammern Weibchen von hinten und lassen sich zum Laichplatz tragen. Daumen kann gegen die erste Zehe geschlossen werden und ermöglicht Umgreifen der Äste (→ Körperbau, Seite 50).

Dreistreifen-Blattsteiger

Epipedobates tricolor (→ Seite 17, o. li.). Ehemals *Phyllobates tricolor*.
2,5 cm. Ecuador, Westhänge der Anden. Lebt im Bergregenwald in 1200-1800 m Höhe. An den Ufern von Kleingewässern, am Boden und auf Bäumen in Bodennähe. <u>Haltung:</u> Leicht zu pflegen. In Terrarien mit Wasserstellen, Steinen, Wurzeln und breitblättrigen Pflanzen. Temperatur 24°C (Tag),18°C (Nacht). Relative Luftfeuchtigkeit 80-95%. <u>Futter:</u> Drosophila, junge Heimchen. <u>Zucht:</u> Leicht möglich. Eiablage in »Laichhöhle« auf trockene Eichenblätter. Brutpflege durch Bewässern, Transport der Larven zu Wasserstelle. Handaufzucht (gemeinsam) mit Zierfisch-Trockenfutter und Mückenlarven möglich. <u>Verhalten:</u> Kräftiges, helles Trillern während der Balzzeit. Ringkämpfe der Männchen bei Bewachung der Gelege.

Marmormolch

Triturus marmoratus (→ Seite 16, o. re.) 14-17 cm. Mittel- und Südfrankreich, Iberische Halbinsel. Krautreiche, ruhige Gewässer. <u>Haltung:</u> Aquaterrarium mit trockenen Ruheplätzen an Land. Krautreiches Wasser (Wasserpest). Feiner Kiesboden, Wasserfilter, Belüftung. Wassertemperatur 18-24°C. <u>Futter:</u> Wie Japanischer Feuerbauchmolch. Bei Haltung mehrerer Tiere gezielt füttern (heftige Esser). <u>Zucht:</u> Einfach, wenn Winterruhe gewährt wird (→ Seite 32). In der Balz stellt das Männchen sich vor dem Weibchen »quer« und regt es durch »Watscheln« zur Aufnahme seines Samenpakets an. Weibchen heftet bis zu 100 Eiern einzeln an Wasserpflanzen. <u>Verhalten:</u> Tagaktiv. Prächti-

Großblättrige Pflanzen eignen sich zum Draufsitzen und Darunterverstecken.

ges »Wasserkleid«, bleibt auch während der an Land verbrachten Lebensabschnitte erhalten, im Gegensatz zu anderen Molcharten. »Hochzeitskleid« der Männchen weist intensive Färbung und vergrößerten Schwanzsaum auf. Ähnlich zu pflegende Arten, aber artengeschützt: Kammmolch (*Triturus cristatus*), Teichmolch, (*Triturus vulgaris*), Fadenmolch (*Triturus helveticus* → Seite 49, u. re.), Bergmolch (*Triturus alpestris apuanus*).

Chinesische Rotbauchunke

Bombina orientalis (→ Seite 12, o. re.)
Bis 5 cm. Ostasien. Lebt in krautreichen, flachen, ruhigen Uferzonen von Gewässern. Haltung: Im krautreich bepflanzten Aquaterrarium. Wassertemperatur 16-24 °C. Lufttemperatur 16-25 °C. Relative Luftfeuchtigkeit bis 90%. Futter: Halbwüchsige Heimchen, Wiesenplankton, kleine Regenwürmer. Zucht: Leicht möglich. Gelege bis 100 Eier. An Pflanzen geheftet oder am Boden. Verhalten: Tag-, dämmerungsaktiv, gesellig.

Axolotl

Ambystoma mexicanum (→ Seite 13, o. re.)
25-30 cm. Mittelamerika. Lebt in krautreichen Berggewässern. Haltung: Im Aquarium bzw. Terrarium mit »Uferzone«, 70x40x40 cm für ein Pärchen. Krautreich bepflanzen. Wassertemperatur 18-25°C. Feiner Kies, Steine, Moorkienholz-Wurzeln. Futter: Wasserflöhe, Mückenlarven, kleine Regenwürmer, Süßwasserfisch-Stückchen. Zucht: Leicht möglich. Verhalten: Tag-und dämmerungsaktiv.

Japanischer Feuerbauchmolch

Cynops pyrrhogaster (→ Seite 13, o. li.)
Bis 12 cm. Japan. Stehende Gewässer mit viel Wasserpflanzen, Geröll und Totholz. Auch an

---

TIP

Was beim Kauf zu beachten ist

Wie auch immer Sie einen Salamander, einen Molch oder einen Frosch erwerben, sei es durch Kauf, Tausch oder Schenkung, es liegt an Ihnen, sich zu informieren, ob das Tier artengeschützt ist (→ Seite 23). Dies betrifft vor allen Dingen auch einheimische Lurcharten, die allesamt unter Naturschutz stehen.

Zu Ihrer Absicherung ist es besonders wichtig, den wissenschaftlichen Namen des Tieres zu kennen. Sorgen Sie also stets dafür, daß Sie entweder eine sogenannte CITES-Bescheinigung oder einen Begleitschein beziehungsweise eine Rechnung mit dem wissenschaftlichen Namen erhalten. CITES ist die Abkürzung für **C**onvention **O**n **I**nternational **T**rade **I**n **E**ndangered **S**pecies **O**f **W**ild **F**auna **A**nd **F**lora. Das Papier bietet die Garantie, daß es sich um ein legal importiertes oder hier nachgezüchtetes Tier handelt. Das erleichtert Ihnen – vor allem wenn Sie ein Neuling sind – die spätere Klärung der Rechts- und Pflegefragen mit Dritten.

Land unter Steinen, Baumstubben. Haltung: Im Aqua-Terrarium, gute Bepflanzung, Geröll, Moorkienholz. Wassertemperatur 18-25°C. Lufttemperatur 22°C. Relative Luftfeuchtigkeit 75-95% in Bodennähe. Futter: Wiesenplankton, junge Heimchen, Wasserflöhe, Mückenlarven, Regenwürmer. Zucht: Möglich; Voraussetzung Winterruhe (Nov-März) in 10°C kaltem Wasser.

Typische Merkmale

<u>Schwanzlurche</u> haben in der Regel eine unverwechselbare Form und sind leicht zu identifizieren (→ Wissenswertes über Frösche, Seite 9). Untereinander unterscheiden sie sich in folgendem:

✔ Molche leben fast stets im Wasser und haben einen seitlich zusammengedrückten Schwanz (→ Axolotl, Japanischer Feuerbauchmolch, Seite 13; Marmormolch, Seite 16).
✔ Salamander gehen nach der Metamorphose an Land; ihr Schwanz ist rund.

<u>Froschlurche</u>, wie Frosch, Kröte und Unke, sind für den Laien etwas schwieriger auseinanderzuhalten. Ihre Erkennungsmerkmale sind in der Tabelle auf Seite 11 zusammengefaßt.

✔ Frösche sind nach ihrer Metamorphose in den verschiedensten Lebensbereichen zu finden.

Mit Hilfe seiner Finger kann sich der Greiffrosch geschickt an Ästen entlanghangeln.

Manche halten sich ausschließlich im Wasser auf (→ Zwergkrallenfrosch, Seite 15), manche klettern sogar auf hohe Bäume.

✔ Kröten besitzen unter anderem hinter den Augen auf jeder Seite ein verdicktes »Kissen«, das Giftdrüsen zur Abwehr von Feinden birgt. Sie laufen lieber auf allen vieren, hüpfen aufgrund ihrer zu ihrem großen Körpergewicht relativ kurzen Beine seltener als Frösche und wenn, dann nur in kurzen Sprüngen.

✔ Unken haben gewöhnlich kaum 5 cm lange, abgeflachte Körper. Ihre Pupillen sind in der Regel herzförmig, die Bauchseite ist leuchtend gelb oder orange gefärbt.

Ist der Frosch gesund?

Amphibien haben eine empfindliche Haut, die bei Störung oder Schädigung Einlaßpforte für tödliche Keime ist. Es ist auch fair, wenn ein verantwortungsvoller Züchter Sie darauf hinweist, daß Ihr neuer Frosch Parasiten haben könnte. Vermeiden läßt sich das nicht, sondern nur durch sorgfältige hygienische Maßnahmen im Griff behalten (→ Gesundheitsvorsorge und Krankheiten, Seite 53). Übertragbar auf den Menschen sind diese Parasiten nicht. Sehen Sie sich die Amphibien jedenfalls vorher an und gehen Sie bei der Begutachtung nach der Tabelle auf Seite 55 vor.

Über das Alter von Lurchen

✔ Kaulquappen, die man beim Züchter erwirbt, sind in der Regel nicht älter als wenige Wochen. Wie lange ihre Entwicklung dauert, hängt von der jeweiligen Art ab (→ IM PORTRÄT, Seite 12-19). In einigen Ausnahmefällen, etwa beim Harlekinfrosch, werden sie über ein Jahr alt, bevor sie sich umwandeln, und sind sehr groß, größer als der spätere Frosch.
✔ Die Geschlechtsreife erreichen kleinere tropische Froscharten mit einem Jahr, größere Frösche und Unken mit etwa zwei Jahren, während manche Krötenarten vier bis fünf Jahre benötigen.
✔ Wie alt Frösche werden können, hängt von ihrer Umgebung ab. In Menschenobhut sollen viele Frosch- und Schwanzlurche bei guter Pflege mehr als zwanzig Jahre alt geworden sein. In der freien Natur wird selten die Hälfte erreicht, da der Überlebenskampf härter ist und die Tiere vorzeitig Krankheiten oder Freßfeinden zum Opfer fallen.

Der Transport

Es gibt nur ganz wenige Amphibienarten, die Sie im Wasser transportieren müssen. Zu ihnen

Checkliste
Welcher Frosch paßt zu Ihnen?

1 Wenn Sie nur wenig Platz haben, sollten Sie auf Arten zurückgreifen, die in relativ kleinen Aquarien/Terrarien von 100 bis 150 l Inhalt gepflegt werden können. Bedenken Sie jedoch bitte, daß bei einer erfolgreichen Haltung mit Nachwuchs zu rechnen ist, der dann in anderen Terrarien gehalten werden muß.

2 Es gibt Lurcharten, die nur nachts hervorkommen. Sie wollen tagsüber nicht gestört sein und möchten auch das Futter erst am Abend frisch bekommen. Paßt dieses Verhalten nicht mit Ihren Interessen zusammen, sollten Sie sich andere Arten aussuchen.

3 Manche Arten halten eine Winterruhe. Wenn Sie die Gesellschaft Ihrer Lurche nicht solange missen wollen, sollten Sie sie lieber nicht anschaffen.

4 Tropische Lurcharten hingegen, die keine Winterruhe eingehen, brauchen eine ganzjährige, aktive Pflege. Können Sie diese, auch während des Urlaubs, nicht sicherstellen, sollten Sie darauf verzichten.

gehören die wasserlebenden Molche und andere streng ans Wasserleben gebundene Amphibien, zum Beispiel die Wabenkröte. Alle anderen Tiere befördern Sie in einem Transportterrarium (Zoofachhandel). Für die wenigen Stunden, die so eine »Überführung« in der Regel dauert, ist das völlig ausreichend.

Vermeiden Sie beim Transport Überhitzung, etwa wenn der Behälter im Auto auf dem Rücksitz in der prallen Sonne steht oder bei Sonne in einer schwarzen Tasche getragen wird. Aber auch Unterkühlung ist schädlich. Bestens bewährt gegen Hitze und Kälte haben sich Styroporbehälter.

Hinweis: Holen Sie das Tier stets selber ab, und lassen Sie sich den Transport nicht durch Dritte abnehmen.

Richtig eingewöhnen

Ist der Lurch der erste Bewohner des Terrariums, setzen Sie ihn hinein und lassen ihn sein neues Revier in Besitz nehmen.

Führen Sie ein neues Tier in einen bereits vorhandenen Bestand ein, ist eine Quarantäne von drei Monaten unerläßlich (→ Seite 53). Das hat folgenden Grund: Auf den ersten Blick sehen Sie es Ihrem neuen Pflegling nicht an, ob er zum Beispiel von Parasiten oder anderen Krankheiten befallen ist. Besonders wichtig ist es, eine Amöbeninfektion auszuschließen. Diese ist nur mit Hilfe von Kotproben zu erkennen, die Sie von der nächstgelegenen Untersuchungsstelle begutachten lassen müssen (→ Adressen, Seite 62). Auch Tierärzte, die darauf spezialisiert sind, können parasitäre Erkrankungen eindeutig feststellen (→ Wie Kotproben genommen werden, Seite 23).

Quarantänezeiten einhalten

Die Amphibien müssen so lange in Quarantäne bleiben, bis ihr einwandfreier Gesundheitszustand »amtlich« ist. Sicherheitshalber wird ein Tier auch bei späteren Auffälligkeiten oder Erkrankungen in einem Quarantäneterrarium gepflegt werden, bis Sie sich Klarheit über seinen Zustand verschafft haben. Nur so können Sie verhindern, daß Sie im Großterrarium durch das fragliche Tier ununterbrochen krankmachende Keime verbreiten lassen, an denen es sich gleich nach seiner Genesung wieder anstecken kann. Ganz abgesehen davon, daß die übrigen Mitbewohner ebenfalls gefährdet wären.

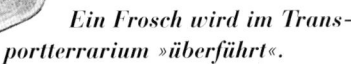

Ein Frosch wird im Transportterrarium »überführt«.

Wie Kotproben genommen werden

Da Sie Ihren Frosch im Quarantäneterrarium (→ Seite 53) auf einer sauberen Schaumstoffmatte oder Ihren Molch in einem Becken mit klarem Wasser ohne Bodengrund pflegen, können Sie selbst kleine Kotreste auf Anhieb finden. Spezielle Behälter, deren Deckel mit einem Löffelchen ausgestattet ist, kann Ihnen Ihr Tierarzt geben. Aber auch jedes andere, dicht verschließbare Gefäß ist geeignet, zum Beispiel ein Filmdöschen. Und so gehen Sie vor:

✔ Nehmen Sie an drei aufeinanderfolgenden Tagen je eine Probe, und geben Sie sie jeweils in einen neuen Behälter zusammen mit einem Tropfen Wasser. Dadurch trocknet die Probe nicht aus; andernfalls wäre sie wertlos.

✔ Es ist kein Schaden, wenn Sie länger auf eine Probe warten müssen. Die älteste sollte jedoch nicht älter als fünf Tage sein, wenn sie beim Tierarzt ankommt.

✔ Heben Sie die Proben im Kühlschrank auf, damit sie nicht verschimmeln und unbrauchbar werden.

Hinweis: Da es sich bei kleinen Tieren meistens um winzige Mengen Kot handelt, muß der Tierarzt wissen, ob der Kot geformt oder dünnflüssig war, als Sie ihn in die Dose

TIP

Artenschutz und Rechtsfragen zur Terrarienhaltung

<u>Artenschutz:</u> Seit dem 1.7.97 gibt es für alle Länder der Europäischen Union eine einheitliche Artenschutzverordnung. Zu den geschützten Tieren gehören auch Frosch- und Schwanzlurche, die unter bestimmten Voraussetzungen jedoch vermarktet werden dürfen. Den rechtmäßigen Besitz müssen Sie in jedem Fall anhand von Dokumenten, Rechnungen oder Verträgen beweisen können. Eine CITES-Bescheinigung für diese Arten ist durch das neue Gesetz allerdings nicht mehr vorgeschrieben (→ Tip, Seite 19).

<u>Mietrechtliche Bestimmungen:</u> Die Haltung von Amphibien in Terrarien ist mietrechtlich unbedenklich, sofern davon keine Geruchsbelästigung ausgeht.

<u>Tierhalterhaftung:</u> Grundsätzlich haftet der Tierhalter, falls sich ein Mensch durch die Berührung mit einem Pfeilgiftfrosch verletzt. Doch da diese Tiere im Terrarium gehalten werden und zudem ihr Gift unter Menschenobhut mehr und mehr verlieren, wird so etwas kaum passieren.

füllten. Das ist für seine Beurteilung wichtig. Ist die kleine Probe erst einmal in der Dose, läßt sich das oft nicht mehr feststellen.

Frösche sind Einzelgänger. Nur wenige Arten können zusammengehalten werden.

DER RICHTIGE UMGANG IM ALLTAG

Frösche sind empfindliche Pfleglinge, die sich nur in einem ihrer Art entsprechenden Lebensraum wohl fühlen. Wichtig ist ein möglichst großes Platzangebot, eine naturnahe Einrichtung, eine den Nahrungsansprüchen angepaßte Ernährung und sorgfältige Pflege.

Die richtige Unterbringung

Die Tatsache, daß manche Froschlurche notfalls mit relativ geringem Raum auskommen, darf nicht dazu verführen, die Tiere zeitlebens in den handelsüblichen 5 bis 30 l fassenden Plexiglasterrarien mit geschlitztem Deckel halten zu wollen. Diese sollten der Aufzucht (→ Seite 40) oder einem Quarantäne-Aufenthalt vorbehalten sein (→ Seite 53). Vorzuziehen ist das Ganzglas-Terrarium, das Sie im Zoofachhandel kaufen können. Welche Anforderungen für die jeweiligen Froscharten zu beachten sind, ist auf den folgenden Seiten beschrieben.

Hinweis: Als Einsteiger/in in die Terrarienhaltung brauchen Sie nicht gleich mit einer großen Lösung zu beginnen. Zum Sammeln von Erfahrungen genügt ein Minimalterrarium, in dem ein einzelnes Tier, ein verträgliches Pärchen oder heranwachsende Jungtiere gut aufgehoben sind (→ Seite 27). Beim Älterwerden von Jungtieren kann es zu Unverträglichkeiten kommen. Jene müssen dann durch Umsetzen in ein zweites Terrarium getrennt werden.

Der Granulierte Pfeilgiftfrosch sieht schön aus, ist aber schwierig zu pflegen.

Terrarium für landlebende Frösche

Größe: Je größer die Maße, desto großzügiger die Ausstattung. Das Terrarium für kletternde Arten hochformatig, für am Boden lebende Arten würfelförmig bis querformatig wählen.

Luftaustausch: Er muß zugfrei sein und sich so regulieren lassen, daß die Luftfeuchtigkeit konstant bleibt (→ PRAXIS Terrarium Seite 30/31).

Türen: Praktisch sind Schiebescheiben, die in Kunststoffprofilen laufen. Allerdings schließen sie nicht ganz schlitzfrei, so daß kleine Insekten wie Essigfliegen entweichen können. Wenn Sie also Frösche halten wollen, die diese Futtertiere brauchen, Schlitze mit Schaumstoffstreifen verschließen oder den Fachmann nach anderen Lösungen fragen (→ Adressen, Seite 62). Sicherungen mit Zylinderschloß verhindern das unbeaufsichtigte Öffnen durch Dritte.

Boden: Er muß wasserdicht sein, da entweder Wasser oder sehr feuchter Bodengrund eingebracht wird. Unerwünschten Wasserstand sollten Sie möglichst einfach entfernen können (→ PRAXIS Terrarium, Seite 30/31).

Einrichtung: Als Bodengrund Blähton und Kies (alle paar Monate reinigen) oder locker verteilte, größere Steine. Er muß wegen der ständigen Nässe unempfindlich gegen Fäulnis und Schim-

TIP

Empfehlenswerte Pflanzen

Verwenden Sie nur Pflanzen, die im tropischen Regenwald an lichtarme, schattige Standorte angepaßt sind und gleichzeitig die hohe Luftfeuchtigkeit vertragen, ohne zu erkranken. Hierzu gehören: Orchideen, glattblättrige Bromelien (ohne die »mehlige« Beschuppung), Maranten, Ficus, Peperonien, Philodendron- und Scindapsusarten. Schauen Sie sich Wuchsform und Blattgröße an. Diese sollten Sie kennen, da Sie bei der Gestaltung des Terrariums schon vorwegnehmen müssen, wo sich später Licht- und Schattenbereiche in unterschiedlichen Höhen befinden, die die Tiere nach Bedarf aufsuchen. Bitte wenden Sie sich an ein Fachgeschäft Ihres Vertrauens, um nicht mit chemischen Giftstoffen behandelte Pflanzen zu bekommen. Sie würden den Tod Ihrer Terrarienbewohner bedeuten. Es ist auch möglich, im Botanischen Garten nach Ablegern zu fragen. Diese sind in der Regel unbehandelt.

giftig, leicht, lassen sich mit dem Messer gut bearbeiten und mit einem dazu passenden Kleber sicher zusammenfügen. Moorkienholz ist sehr dekorativ und verfault auch im Wasser nicht. Wurzeln bieten Javamoos Halt oder Pflanztaschen für später einzubringende tropische Gewächse. Gerbstoffhaltige Rinden vieler einheimischer Gehölze (Kiefer, Eiche, Buche) sind gut geeignet.

Terrarien für wasserlebende Frosch- und Schwanzlurche

<u>Größe:</u> Diese Terrarien nach Art eines halb- bis dreiviertel gefüllten Aquariums anlegen. Dabei den Überbau entsprechend den Lebensbedürfnissen der Frösche und Ihren Dekorationsansprüchen so hoch wählen, daß Sie die ge-

melbildung sein. Darauf Laub und/oder Rinde und Javamoos (→ PRAXIS Terrarium, Seite 30/31). <u>Dekorationsmaterial:</u> Sie finden es im Zoofachhandel, Gartencenter, Baumarkt und in der Natur. Polyurethanschaum, sogenannter Montageschaum läßt sich gut formen. Allerdings »gast« er noch einige Zeit aus und kann erst nach einer bestimmten Wartezeit genutzt werden, damit die hochempfindlichen Amphibien daran nicht erkranken und sterben (→ PRAXIS Terrarium, Seite 30/31). Ytong-Platten sind un-

wünschte Bepflanzung unterbringen können. Erforderlich ist eine angemessene Beleuchtung sowie der Anschluß eines Pumpenfilters und einer Belüftung (→ Seite 28).

Wasser: So viel wie möglich, damit Kot und faulende Futterreste die Wasserqualität nicht beeinträchtigen. Täglich beziehungsweise wöchentlich reinigen und dabei das Wasser gleichmäßig ersetzen oder ganz austauschen (→ Pflege, Seite 34).

Dekoration: Moorkienholz, Steine, insbesondere mit Löchern und Höhlen durchbrochene Karstgesteine und Kiesboden, dazu eine »kuschelige« Unterwasserbepflanzung zum Beispiel mit »Wasserpest«, die viele Schwanzlurche zur Ablage ihrer Eier vorfinden möchten (→ Bücher, die weiterhelfen, Seite 62).

Minimalterrarium

Landlebende Frösche

Terrarium/Aquarium von etwa 80 bis 100 l aus dem Zoofachhandel. Boden 5 cm mit Blähton oder Kies auffüllen, darüber weitere 5 cm Walderde oder Torfplatten. Mit Laub, Moos, eventuell Rindenstücken abdecken. Kriechende Blattpflanzen (Philodendron) als Verstecke für bodenlebende Tiere, Wurzeln oder dickere Äste. In die Astgabeln vereinzelt Bromelien als Verstecke für Baumsteiger. Als Wasserteil (je nach Größe der Tiere) Blumentopfuntersetzer (7-10 cm Durchmesser) 1 cm tief in Bodengrund einbringen oder aus Polyurethanschaum gestalten (→ Seite 26). Mit Holz- oder Kunststoffrahmen, der mit Gaze bespannt ist, abdecken (→ PRAXIS Terrarium, Seite 30/31).

Wasserlebende Schwanzlurche und Unken

Aquarium von etwa 80 bis 100 l aus dem Zoofachhandel. Boden mit ca. 7 cm Aquariensand/Kies auffüllen. Unter Wasser mit einer Wurzel aus Moorkienholz dekorieren, eventuell auch Karstgestein. Robuste Aquarienpflanzen einbringen (Zoofachhandel). Zum Anwachsen bei guter Beleuchtung 14 Tage Zeit lassen. Kräftige Amphibien reißen sie sonst immer wieder heraus. Filter mit integrierter Heizung zur Aufrechterhaltung der Temperatur und zur Reinigung des Wassers (→ PRAXIS Terrarium, Seite 30/31). Filtergröße entsprechend der Wassermenge (Herstellerangaben beachten!). Leuchtstoffröhre (18 W) mit Warmton.

Ein dicht bepflanztes Terrarium mit Wasserteil und Hygrometer.

Terrarientechnik

So gut wie alle Frösche, die auf den Porträtseiten vorgestellt werden, kommen ausschließlich
aus den tropischen Regenwäldern. Damit sie bei
Ihnen ein heimisches Klima vorfinden, sind Sie
auf technisches Zubehör angewiesen.

Achtung: Im Umgang mit elektrischen Geräten
und Wasser ist besondere Vorsicht geboten (→
Wichtige Hinweise, Seite 62).

Für die richtige Beleuchtung sind die Angaben
in den Steckbriefen wichtig (→ Seite 12 bis 19).
Nachtaktive Frösche brauchen eine andere Art
Licht als so sonnenhungrige Tiere wie Laubfrösche. Das sogenannte Iguana-Lite (Zoofachhandel) soll ultraviolettes Licht in einer Zusammensetzung abgeben, die das Knochenwachstum
fördert. Besonders einzusetzen für die Aufzucht
junger Frösche. Geeignet auch für nachtaktive

*Der Japanische Feuerbauchmolch liebt
Pflanzen, unter denen er Deckung findet.*

Tiere (nur tagsüber einschalten!). Diese Lampe
muß spritzwassergeschützt und innerhalb des
Terrariums montiert sein, Drossel und Starter
außerhalb (nur durch Elektrofachkräfte!).
Lichtstarke Quecksilberdampflampen, Halogen-
strahler oder Glühlampen immer außerhalb des
Terrariums anbringen. Sie dürfen nur durch die
Lüftungsöffnungen scheinen, da zu stark er-
wärmte Glasscheiben sonst springen. Spotstrah-
ler eignen sich zur Erwärmung des Innenraums
und zur Herstellung der »Sonnenflecken«.
Für die Wasserumwälzung bei rein wasserlebenden Amphibien stellen oder hängen Sie eine
Luftpumpe (Zoofachhandel) außerhalb des Ter-

rariums auf, und zwar höher als der Wasserspiegel, sonst läuft sie bei Stillstand voll Wasser. **Hinweis:** Eine etwas größere Luftpumpe, als zunächst nötig erscheint, muß nicht immer auf Vollast laufen, arbeitet leiser und hält länger. So unterbringen, daß die Schwingungen sich nicht auf das Aquarium übertragen können.

Klimaregulierung: Zur Anhebung der Luftfeuchtigkeit empfiehlt sich ein Wasserzerstäuber (Blumenspritze). Komfortabel sind spezielle Zerstäuber mit Druckpumpe, bei denen das einfache Betätigen des Abzugs genügt, um einen gleichmäßigen Strom feinen Wassernebels zu erzeugen. Zum Sprühen nur über Aktivkohle (Aquarienhandel) gereinigtes Regenwasser oder entkalktes Trinkwasser verwenden, damit sich nach der Verdunstung kein Kalk auf Scheiben und Pflanzen niederschlägt.

Hinweis: Von automatisch gesteuerten Hochdruckpumpen und Verneblern möchte ich abraten. Ihre tägliche Einschätzung der Feuchtigkeit von Pflanztöpfen und Bodengrund vermittelt Ihnen mit der Zeit den sicheren Blick für den ordnungsgemäßen Zustand Ihres Terrariums.

Zur Messung der Temperatur eignet sich ein präzises Laborthermometer mit einem Meßbereich von etwa 0 bis 50 °C, das mit Saugnäpfen (Aquarienfachhandel) an der Seitenscheibe befestigt wird. Stets auf der Höhe montieren, auf der sich die Tiere bevorzugt aufhalten.

Die Luftfeuchtigkeit wird mit dem Hygrometer gemessen, das vor Inbetriebnahme geeicht werden muß (siehe mitgelieferte Gebrauchsanweisung). Erst dann zeigt es die im Terrarium vorhandene relative Luftfeuchtigkeit genau an. Mit einem Saugnapf an der Scheibe anbringen und nicht direkt ansprühen, sonst weist es ständig 100% relative Luftfeuchtigkeit aus, obwohl diese gar nicht vorhanden ist.

Kleinere technische Hilfsmittel

Große Säureheber oder ein Schwamm helfen beim Absaugen von Staunässe aus dem Bodengrund kleiner Terrarien. Eine Uhrmacherlupe mit Dreifachvergrößerung (sie wird ins Auge geklemmt) erleichtert die Begutachtung kleiner Objekte wie Eier, Einzelheiten an Larven und Außenparasiten auf der Haut der Tiere. Mit einer Pinzette (Kunststoff-Pinzette aus dem Laborbedarf) lassen sich Fremdkörper entfernen und gezielt kleinste Futterinsekten an einzelne Tiere verfüttern. Zeitschaltuhren steuern das Ein- und Ausschalten von Licht und Wärmestrahler.

Wo das Terrarium stehen sollte

✔ Hell, aber nicht ganztags in der prallen Sonne, weil sich vor allem schlecht belüftete Terrarien zu stark aufheizen.

✔ Ruhig, nicht direkt neben Fernsehgerät oder Hi-Fi-Anlage.

✔ Zugfrei, also mit Sicherheitsabstand zu häufig auf Lüftung gekippten Fenstern oder Terrassentüren.

✔ Möglichst rauchfrei. Zigarettenrauch ist schädlich für Amphibien, die darauf sehr »dünnhäutig« reagieren.

Ein markantes Kennzeichen des Rotaugenlaubfrosches sind seine Augen.

Bewuchs mit Javamoos

Silikon fleckenweise auf Innenwand (liegend) auftragen und darauf feinen Gartentorf streuen, bis Scheibe bedeckt ist. Javamoos (Aquarienhandel) auf flachem Teller mit wenig Wasser anziehen, Moosstückchen mit Stecknadel auf »Torfplätzchen« heften und anwachsen lassen. Javamoosdecke wächst jahrelang weiter.

Montageschaum unschädlich machen

Mit Polyurethanschaum lassen sich Boden und Rückwände sehr gut formen. Allerdings »gast« dieses Material noch einige Zeit aus. Um es unschädlich zu machen, gibt es zwei Methoden. Wählen Sie dafür die warme Jahreszeit:

1. Das Terrarium 2 Monate offen an einen sonnigen Platz stellen und den Schaum »altern« lassen.

2. 2 Monate lang den Schaum alle 14 Tage für eine Woche unter Wasser setzen; dadurch wird er ausgelaugt.

Nach der Verdunstungsphase die Rückwand mit ungiftigen Acrylfarben kolorieren.

Luftaustausch

Damit ein Luftaustausch stattfindet und die Frontscheibe wegen der hohen Luftfeuchtigkeit nicht von innen beschlägt, wird zur Belüftung im unteren Drittel der Vorderseite eine Fläche von mindestens 10% vorgesehen, zur Entlüftung entweder der ganze Terrariendeckel oder mindestens ein Viertel (der Belüftung gegenüberliegend). Als Belüftungsstreifen ein mit

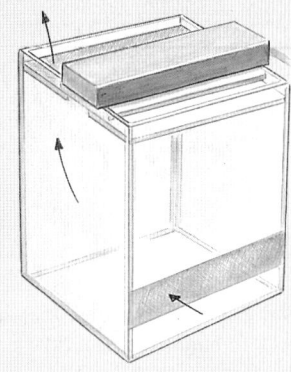

Be- und Entlüftung müssen sich gegenüberliegen.

Gaze hinterklebtes Lochblech über der Wasserlinie oder dem Bodengrund montieren. Als Abdeckung einen Holz- oder Kunststoffrahmen mit Gaze bespannen. Darüber zwei Schiebescheiben einpassen. Durch Verschieben einer Glasscheibe kann die Größe der Lüftungsfläche verändert und so die Luftfeuchtigkeit reguliert werden.

Hinweis: Damit die Futterinsekten nicht entweichen können, muß sich die Maschenweite der Gaze nach der kleinsten verfütterten Insektenart richten (bei Essigfliegen 0,5 mm).

Bachlauf

Wenn Platz im Terrarium ist, können Sie mit einem Bachlauf ein lebendiges Gestaltungselement einbringen.

Bodenheizung

Es genügt ein einfaches Heizkabel (Zoofachhandel). Nicht direkt aufs Glas legen, sondern auf eine 0,5 cm starke Styroporplatte oder nahe der Oberfläche auf viel Erde. Für 0,25 qm Grundfläche und eine Zimmertemperatur von +/- 22 °C reichen 20 W, für kleine Terrarien bis 30 l nur 5 oder 10 W, bei kälteren Umgebungstemperaturen oder Terrarien über 1 qm Bodenfläche bis 50 W (→ Warnhinweise, Seite 63).

Wasserheizung

Der motorbetriebene Heizfilter saugt das Wasser an, reinigt es während des Hochsteigens, wärmt es anschließend auf und pumpt es wieder ins Aquarium. Auf dem Ansaugrohr muß unbedingt ein Schaumstoff-Filtervorsatz stecken, da geschwächte Tiere oder Kaulquappen angesogen werden und sich nicht mehr befreien können oder womöglich in den Filter geraten.

1 Hohlkörperfilter
2 Grobfilter
3 Feinfilter
4 Filterwatte
5 Heizung

Und so gehen Sie vor:

✔ Mit Montageschaum ein Bachbett formen, das in den Wasserteil mündet. Gefälle 1 cm auf 50 cm. Bei einer gestalteten Rückwand (sie muß wasserfest und -dicht sein) läßt sich ein kleiner Wasserfall einbauen. Hier auch Loch für Zufluß vorsehen.

✔ Abflußschlauch entweder durch ein Loch in der Seitenscheibe führen und abdichten oder durch das Lüftungsgitter führen.

✔ Einen kleinen Motorfilter

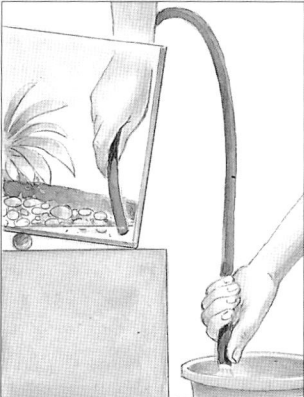

Überschüssiges Wasser mit der Saughebermethode entfernen.

zum Ansaugen und wieder Hineinpumpen des Wassers einbauen. Den Rückfluß evtl. drosseln. Es darf nur eine geringe Wassermenge gefördert werden, denn der Bach soll bloß langsam fließen.

Überschüssiges Wasser entfernen

Überschüssiges Wasser, das sich bei der hohen Luftfeuchtigkeit und den Sprüh- und Waschaktionen im Terrarium sammelt, muß von Zeit zu Zeit abgesaugt werden. Dafür gibt es mehrere Methoden:

✔ Ein kleineres Terrarium kurze Zeit schräg stellen (Flaschenkorken unterlegen); das Wasser fließt an die vordere Kante und kann abgezogen werden.

✔ In einem größeren Terrarium von vornherein den Boden mit einer zweiten Scheibe zur Vorderseite schräg stellen (Schräge ca. 2 cm auf 50 cm) und mit Silikon abdichten. Durch einen eingeklebten Glassteg Wasser- und Landteil trennen und gegen Abrut-

schen sichern. Das Wasser sammelt sich an der Vorderkante und wird abgezogen.

✔ Großflächige Terrarien, die mehrere Liter Wasser speichern können, müssen mittels eines Abflusses entwässert

Boden mit einer zweiten Scheibe nach vorne schräg stellen.

werden. Dazu in die hintere oder vordere Kante ein Loch bohren lassen (Glaser) und ein Abflußknie wie bei Aquarienfiltern üblich (Aquarienhandel) hineinschrauben. Durch Umlegen des Knies überschüssiges Wasser über einen Schlauch abfließen lassen. Sich vom Fachmann beraten lassen.

*Das Männchen des gestreiften Blattsteigers
verteidigt sein Revier mit Nachdruck.*

Überwinterung

Einheimische und aus vergleichbaren Klimaten
kommende Amphibien legen eine Winterruhe
ein. Ein entscheidender Auslöser dafür sind die
kürzer werdenden Tage. Ist das Terrarium dem
natürlichen Tageslicht ausgesetzt, können sich
die Tiere auf die Winterruhe einstimmen.
Im Wasser überwinternde Tiere werden in ein
Plexiglasterrarium von 50 bis 60 l Inhalt ge-
setzt, ersatzweise in eine Kunststoff-Zement-
wanne von 120 bis 150 l Inhalt. Schaumstoff-
würfel (Kantenlänge etwa 4 cm) als »Mulmer-
satz« für Verstecke locker auf dem Boden ver-

teilen und Behälter zur Hälfte mit Wasser füllen. Auf dem Land überwinternde Amphibien
brauchen etwas Quellmoos zum Verkriechen
(Blumenfachgeschäft). Leicht anfeuchten und
in größeren Kunststoffdosen mit Deckel aufbewahren. Moos mit 5-10 cm wassergetränktem
Blähton als Feuchtigkeitsspeicher unterschich-
ten. Auf gute Belüftung achten und einmal pro
Woche den Deckel lüften und Frischluft zu-
fächeln. Das Moospolster muß immer frisch riechen und darf nicht schimmeln. Andernfalls sofort austauschen!
Hinweis: Das Überwinterungsterrarium muß
stets kühler als 12 °C stehen, etwa in einem
kalten(!) Keller. Ersatzweise kann es auch im
Gemüsefach des Kühlschranks untergebracht
werden. Glasplatte dunkel abdecken, damit das
Tier beim Öffnen der Tür nicht jedesmal durch
den Lichtreiz irritiert wird.

Erwachen aus der Winterruhe

Die Winterruhe für unsere einheimischen Amphibien dauert in der Regel von Oktober bis in
den März hinein. Wenn ihnen ihre innere Uhr
sagt, daß es Zeit ist für den Eintritt ins aktive
Leben, klettern sie an die Oberfläche des Über-
winterungsbehälters. Deshalb Ende Februar/
Anfang März das Tier mitsamt seinem »Domizil«
aus dem Keller/Gemüsefach nehmen und in
einem möglichst kalten Raum in ein abgedeck-
tes Plexiglasterrarium setzen. Deckel vom
Überwinterungskistchen entfernen. Sobald Ihr
Pflegling an der Oberfläche auftaucht, in sein
angestammtes Terrarium setzen. Heizung und
Beleuchtung zunächst ausgeschaltet lassen.
Das zunehmend länger währende Tageslicht
genügt, um das Tier zu aktivieren. Wird es leb-
hafter, läuft oder schwimmt es umher und ist
auf Futtersuche, schalten Sie die Beleuchtung
an sowie (wenn nötig) den Wärmestrahler und
beginnen mit der Fütterung.

10 Goldene Regeln
der richtigen Pflege

1 Frösche sind kein Spielzeug, das man nach Belieben in die Hand nehmen kann. Fassen Sie also Ihre Pfleglinge nur an, wenn es zwingende Gründe gibt.

2 Stören Sie Ihre Tiere so wenig wie möglich. Abgesehen von den notwendigen Reinigungsarbeiten sollten Frösche völlig unbehelligt bleiben. Je größer das Terrarium, umso besser ist das zu verwirklichen.

3 Werfen Sie jeden Morgen einen ausgiebigen Blick in Ihr Terrarium, auch wenn eine Schaltuhr Ihnen die Arbeit des Einschaltens von Licht und Heizung abnimmt. Was sagen Thermometer und Hygrometer? Sehen Tiere und Pflanzen gesund aus?

4 Futterreste und auffällige Verschmutzungen sollten immer gleich entfernt werden.

5 Vergewissern Sie sich, ob noch alle Frösche vorhanden sind und äußerlich keine Veränderungen zeigen.

6 Prüfen Sie regelmäßig, wie der Kot aussieht (→ Seite 55). Bei nachtaktiven Fröschen am Morgen, bei tagaktiven tagsüber.

7 Sind Ihre Tiere tagaktiv, feuchten Sie die Anlage am Morgen an und setzen frische Futtertiere ein. Spätestens jetzt sollten alle Lieblinge zu sehen sein.

8 Dasselbe machen Sie bei nachtaktiven Tieren, bevor Sie am Abend Heizung und Beleuchtung ausschalten.

9 Alle Tiere sollten in etwa die gleiche Menge Futter erhaschen. Ist das nicht der Fall, müssen Sie das Futter im Terrarium so verteilen, daß jedes Tier seinen Teil bekommt (→ Seite 38/39).

10 Gibt es Auffälligkeiten bei der Fortbewegung? Vielleicht machen manche Tiere nicht mehr so große Sprünge, können die Hinterbeine nicht richtig bewegen oder verhalten sich anderweitig abartig (→ Seite 55).

VERSORGUNG IM URLAUB

Machen Sie rechtzeitig eine zuverlässige Urlaubsvertretung ausfindig und weisen Sie sie gründlich anhand folgender Checkliste ein.

Verhalten: Erläutern Sie das Normalverhalten beziehungsweise weisen Sie auf mögliche Besonderheiten hin, zum Beispiel auf die Balzzeit oder die Winterruhe. Stehen Verhaltensänderungen zwischen mehreren Tieren an, etwa beim Eintritt der Geschlechtsreife? Ist die Winterruhe gerade überstanden? Könnten Krankheiten auftreten?

Fütterung: Legen Sie Menge und Zusammensetzung des Futters fest. Wann und wieviel wird gefüttert?

Technik: Woran sind Defekte zu erkennen und wie zu beheben? Handgriffe für einfache Tests zeigen (läuft die Filterpumpe noch?). Wartungsarbeiten erläutern. Ersatzlampen bereitstellen. Im Sicherungskasten Sicherungen für die elektrischen Anlagen benennen.

Hilfen: Adresse und Telefon eines fachkundigen Helfers sowie des Tierarztes hinterlassen.

Pflege

Pflegemaßnahmen sind notwendig, um Ihrem Lurch beste Lebensumstände zu bieten. Die hygienischen Verhältnisse müssen stets tadellos und die Ernährungsbedingungen den Bedürfnissen angepaßt sein.

Reinigungsutensilien

Für die notwendigen Handgriffe brauchen Sie einen Scheibenabzieher, Fensterleder, Pinzette, Schwamm und einen Abziehschlauch zum Entfernen des Wassers. Nach Gebrauch immer gründlich säubern. Desinfektionsmittel im Terrarium selbst nur bei Krankheitsfällen verwenden und nur solche, die leicht unter fließendem Wasser zu entfernen sind, da Rückstände Tiere und Pflanzen schädigen können (→ Hygienemaßnahmen, Seite 59).

Hinweis: Bei mehreren Terrarien die Gerätschaften nach jeder Reinigung gründlichst desinfizieren, da sonst Bakterien und Parasiten von einem Becken ins andere verschleppt werden können.

Pflegemaßnahmen

Täglich

✔ Bei landlebenden Amphibien Futter- und Kotreste entfernen. Luftfeuchtigkeit kontrollieren.

✔ Bei wasserlebenden Amphibien Futter- und Mulmreste entfernen. Wasserstand kontrollieren, eventuell frisches Wasser nachfüllen.

✔ Zweimal füttern.

✔ Pflanzen absprühen.

Wöchentlich

✔ Pflanzen gegebenenfalls gießen. Bodengrund mit Gießkanne durchspülen. Scheiben reinigen.

✔ Im Aqua-Terrarium welke Pflanzen oder Blätter entfernen, Bodengrund durchspülen und reinigen, desgleichen die Scheiben. Bei Verschmutzung Wasser auswechseln.

Hinweis: Keine Spülmittel verwenden!

Wer frißt was?

Grundspeiseplan

Wer?	Was?	Wie oft?
Landlebende Froschlurche. Für kleine Tiere wie Baumsteiger nur kleinste Insekten.	Wiesenplankton, Drosophila, Stubenfliegen, junge Heimchen.	Zweimal täglich (→ Ernährungsregeln, Seite 38).
Frosch- und Krötenarten von über 10 cm Körperlänge (Kopfrumpflänge).	Nacktschnecken, Regenwürmer.	Einmal täglich. Aktivitätszeit beachten.
Kaulquappen der oben genannten Arten zur Aufzucht*.	In der Regel eiweißreiches Flockenfutter, fein zerriebener Brennesseltee.	Drei- bis viermal täglich nach Aufzehrung des Dottervorrats.
Streng wasserlebende Amphibien, Schwanzlurche und ihre Larven.	Mückenlarven, Bachflohkrebse, Hüpferlinge, Tubifex.	Zweimal täglich.
Alle.	Futterzusätze.	Heranwachsende Tiere einmal pro Woche, erwachsene Tiere einmal alle 14 Tage.

* Je nach Artzugehörigkeit (Baumsteiger) auch von Eltern selbst geregelt (→ Aufzucht der Kaulquappen, Seite 43).

Gesunde Ernährung

Frosch- und Schwanzlurche fangen ihre Nahrung lebend und verzehren sie dann. Eine artgerechte, angemessene Ernährung ist für sie also nur dann gegeben, wenn Sie Ihren Pfleglingen die Gelegenheit bieten, auf die Jagd nach lebenden Futtertieren zu gehen. Gleichzeitig ist zu berücksichtigen, daß die Nahrungsansprüche nicht nur zwischen den einzelnen Arten, sondern auch zwischen Larven und erwachsenen Tieren sehr unterschiedlich sind.

Futtertiere
✔ »Wiesenplankton« sind alle Insekten, die sich mit einem Kescher vom Gras abstreifen lassen.
✔ Flugunfähige Fruchtfliegen (Drosophila), auch Tau-, Obst- oder Essigfliegen genannt, eignen sich auch für langsamere Kostgänger.
✔ Stubenfliegen, Heimchen.
✔ Nacktschnecken, Regenwürmer.
✔ Mückenlarven, Bachflohkrebse, Hüpferlinge, Tubifex.
Mehr darüber lesen Sie auf den Praxisseiten Seite 38 und 39.

Futterzusätze

Mineralien und Spurenelemente sind für eine gesunde Entwicklung Ihres Pfleglings unabdingbar, da sie Mangelerkrankungen wie Rachitis vorbeugen.

Die Verabreichung geschieht folgendermaßen: Die lebenden Futtertiere werden zusammen mit einem Gemisch aus Mineralstoffen und Vitaminpulver unmittelbar vor dem Verfüttern in einer Dose oder einer aufgeblasenen Plastiktüte durchgeschüttelt, bis alle gut »durchgemehlt« sind. Futterzusätze sind im Zoofachhandel oder beim Tierarzt erhältlich.

Kühlen Sie die Futtertiere vorher eine halbe Stunde im Kühlschrank ab, dann sind sie klamm, können nicht fliegen, lassen sich besser durchmehlen und von Ihren Pfleglingen leichter fangen.

Geduldig lauert der Dreistreifen-Blattsteiger einer Fruchtfliege auf.

Hinweis: Da die Futterzusätze sehr teuer sind, sollten Sie jedesmal denselben Behälter zum Durchschütteln Ihrer Futtertiere verwenden und ihn im Dunkeln aufheben. Dann gehen die Vitaminreste nicht verloren.

Woher Sie Futter bekommen

Sie können das Futter kaufen beziehungsweise selber fangen oder züchten.

Kaufen: Im Zoo- oder Aquarienfachhandel oder bei einer Bezugsquelle, die Sie in Fachzeitschriften finden (→ Adressen, Seite 62). Hier ist in der Regel alles zu haben, was Ihren Pfleglingen schmeckt.

Selber fangen: Wiesenplankton auf trockenen, ungemähten Wiesen; Bachflohkrebse und Mückenlarven in stehenden oder langsam fließenden Kleingewässern; Nacktschnecken und Regenwürmer in Wald und Garten.
Züchten: Zuchtansätze von Drosophila, Stubenfliegen oder Heimchen sowie das entsprechende Zuchtkonzentrat gibt es im Zoofachhandel oder beim Züchter.

Die Zucht von Futtertieren

Die Zucht von Futtertieren ist eine Kunst für sich. Auf der einen Seite haben Sie sie stets in ausreichender Menge, kontrollierter Qualität und absoluter Frische im Haus. Andererseits erfordert das Züchten einen gewissen pflegerischen Aufwand und die Einhaltung hygienischer Maßnahmen, die mit der gleichen Aufmerksamkeit erledigt sein wollen wie die Pflege Ihrer Amphibien. Üben Sie sich deswegen vor der Anschaffung Ihrer Pfleglinge erst in der Futtertierzucht, bis sie Ihnen mühelos von der Hand geht (→ PRAXIS Ernährung, Seite 38/39). Zudem sind Futtertierzuchten mit einer gewissen Geruchsbelästigung verbunden. Es empfiehlt sich also, über einen abgetrennten Raum, wenn möglich mit eigener Lüftung zu verfügen. In einer Etagenwohnung ist eine Futtertierzucht aus diesen Gründen nur bedingt möglich (→ Tip Rechtsfragen, Seite 23).

Froschzucht

Nur bei optimaler Haltung schaffen Sie die Voraussetzungen für Nachwuchs. Doch selbst in Ihren eigenen vier Terrarienwänden greifen gesetzliche Bestimmungen. So sind sowohl für die Vermarktung als auch für die unentgeltliche Weitergabe eigener Zuchterfolge dieselben Gesetze wie beim Handel zu beachten (→ Tip Artenschutzbestimmungen, Seite 23).

Zufrieden verzehrt der Blaue Baumsteiger seine Beute, eine Stubenfliege.

Wann sind Amphibien geschlechtsreif?

Kleine tropische Frösche werden mit knapp einem Jahr geschlechtsreif, Gelbbauchunken mit zwei, größere Frösche und einige Kröten brauchen bis zu fünf Jahre. Die Fähigkeit zur Fortpflanzung hängt jedoch nicht allein vom Alter ab, sondern auch von der Wachstumsgeschwindigkeit im Terrarium und von den Lebensbedingungen. Günstige Bedingungen und rasches Wachstum fördern eine frühere Geschlechtsreife. Ungünstige Haltungsbedingungen oder mangelhafte Ernährung können eine Fortpflanzung verhindern.

Ernährungsregeln

1. Nur zur Aktivitätszeit der Tiere füttern.
2. Nur soviel füttern, wie gefressen wird. Beobachten, ob auch wirklich alles »verputzt« wurde.
3. Immer frische, lebende Futtertiere verfüttern.

So verschieden die Lebensräume der einzelnen Froscharten sind, so unterschiedlich ist auch das Futter. Manche unter ihnen sind ausgesprochen heikle Kostgänger. Bevor Sie sich solche »Spezialisten« zulegen, sollten Sie zuerst die entsprechende Futtertierzucht problemlos und dauerhaft betreiben können.

4. Die Futtertiere müssen dort verweilen, wo sie auch erreicht werden. Zum Beispiel können Fliegen mit einem Schälchen Obstsaft (Essigfliegen) oder Quark (Stubenfliegen) von der Decke des Terrariums auf den Boden gelockt werden, wo die Frösche geduldig warten.
5. Keine zu großen Futtertiere anbieten. Froschlurche müssen ihre Nahrung grundsätzlich mit einem »Haps« verschlucken können, Schwanzlurche ebenfalls, auch wenn sie in der Lage sind, in der Natur größere Beute zu bewältigen.
6. Tote Futtertiere stets entfernen.

Fruchtfliegen züchten

Das Zuchtkonzentrat können Sie über den Zoofachhandel beziehen oder selbst ansetzen.

✔ 250 g zarte Haferflocken, 1 Banane, wahlweise 1 gehäufter EL weiches Obst, 1/2 EL Vitacombex® (flüssiges Vitaminkonzentrat), 1 Messerspitze Methylium p-oxibenzoicum (Apotheke), 1 gehäufter EL Zucker, 1/8 Hefewürfel (in wenig Wasser aufgelöst)) zu einem zähen Brei verrühren.

✔ Nährbrei 3 cm hoch in Marmeladengläser (500 ccm) füllen, offen über Nacht stehen lassen. Gläser zu Zweidrittel mit locker gezupfter, sauberer Holzwolle auffüllen. Je Glas mit ca.100 flugunfähigen Essigfliegen beschicken. Perlonstrumpf mit Gummiring darüberspannen.

✔ Zum Verfüttern Fangglas umgekehrt darüberstülpen. Fliegen klettern nach oben.

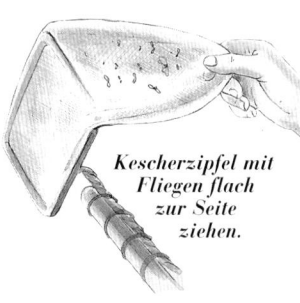

Kescherzipfel mit Fliegen flach zur Seite ziehen.

»Wiesenplankton« fangen

Die Insekten werden nicht frei in der Luft eingefangen, sondern von den Spitzen der Gräser, wo sie ruhen, mit dem Kescher abgestreift. Dieser muß einen Netzdurchmesser von 30 cm haben so-

wie einen langen Stiel, etwa Besenstiellänge. So können Sie die Insekten mit Abstand fangen und verscheuchen sie nicht durch die eigenen Schritte. Insekten in einem Schraubdeckelglas aufbewahren. Damit sie nicht schwitzen und verkleben, Deckel mit Luftlöchern

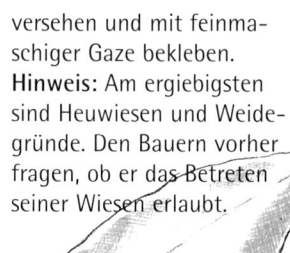

Insekten von den Spitzen der Gräser abstreifen.

versehen und mit feinmaschiger Gaze bekleben.

Hinweis: Am ergiebigsten sind Heuwiesen und Weidegründe. Den Bauern vorher fragen, ob er das Betreten seiner Wiesen erlaubt.

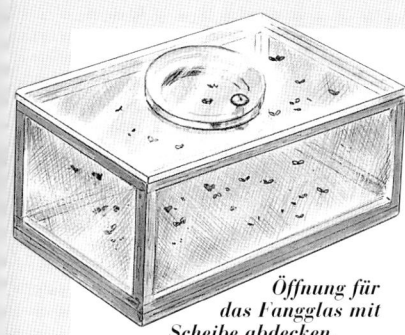

Öffnung für das Fangglas mit Scheibe abdecken.

Stubenfliegen züchten

✔ Zuchtkasten aus Fliegendraht oder Vollgazekäfig mit Stubenfliegenansatz beschicken, dazu als Futter in Untertasse einen dünnen Brei aus Zucker, Milchpulver (zu gleichen Teilen) und Wasser.

✔ Als Eiablage festen Brei aus Kleie, Magerquark und Hefe in leere Quarkbecher (125 g) füllen. Täglich auswechseln.

✔ Gefäße mit abgelegten Eiern in Schlupfbehälter stellen. Larven sich entwickeln lassen. Täglich frischen Quark unter Brei heben.

✔ Wenn Fliegen geschlüpft sind, Fanggefäß umgekehrt auf Zuchtkasten stülpen und einmal daraufschlagen.

Hinweis: Bei Überschuß Larven im Puppenstadium in einem Schraubglas im Kühlschrank aufbewahren. Bei Bedarf erforderliche Menge herausnehmen, in Gazekäfig setzen und bei Zimmertemperatur schlüpfen lassen.

Fliegen ins Glas steigen lassen, mit Schraubdeckel verschließen.

✔ Je nach Bedarf jede Woche neuen Zuchtansatz aufstellen. Entwicklung von der Eiablage zum Schlupf bis zu 3 Wochen.

Hinweis: Nach einem halben Jahr einen neuen, unbeflügelten Ansatz kaufen, da Ihre Zuchtfliegen durch die Generationenfolgen mit der Zeit ihre Flugfähigkeit wieder zurückgewinnen.

Heimchen züchten

✔ Als Zuchtbehälter 4 bis 5 Plexiglasaquarien (20 bis 25 l). Eventuell als Abdeckung mit »Fliegengaze« bespannte Holzrahmen.

Ein Schälchen mit Obstsaft lockt Essigfliegen an.

Behälter mit mehreren Lagen Zeitungspapier auslegen (jeden Morgen leicht besprühen), dazu Eierkarton oder Pappröhre zum Verstecken und Klettern. Mit je einem Zuchtansatz Heimchen beschicken. Für ausreichend Wärme sorgen (22-26 °C). Täglich frisch längsgeschnittene Möhren, Kohlrabi und ähnliches, das nicht zu schnell welkt und Flüssigkeitsbedarf abdeckt.

✔ Quarkbecher (125 g) mit Sand/Komposterde-Gemisch (1:1) füllen, glatt streichen und feucht halten. Dahinein legen die Weibchen mit Hilfe ihres Legestachels die Eier ab (Einstiche). Eibehälter wöchentlich herausnehmen und jeweils in ein leeres Terrarium zum Schlupf stellen. Nach Erreichen der passenden Größe Jungtiere verfüttern.

Aufzuchtbehälter für Kaulquappen und Jungfrösche

Manche Froscharten legen nur zwei bis sechs Eier, bei anderen muß man unter Umständen mit 100 und mehr Kaulquappen rechnen. Manche Arten sind verträglich und lassen sich gemeinsam aufziehen. Jungtiere aggressiver Arten werden einzeln in kleinen Behältern aufgezogen. Welche das sind, ist in den Steckbriefen → Seite 12-19 aufgeführt.

Gut geeignet sind gesäuberte, am Boden durchlöcherte Quarkbecher. Um beste Wasserqualität zu gewährleisten, hängen Sie die Aufzuchtbehälter in ein Aquarium von 100 l Inhalt oder mehr, in das ein biologischer Filter eingebaut ist und wo eine Pumpe für gute Belüftung und Wasserumwälzung sorgt. Lassen Sie sich hierzu vom Fachmann beraten (→ Adressen, die weiterhelfen, Seite 62). Und so gehen Sie vor:

✔ Quarkbecher durchlöchern und mit einer Wäscheklammer am Rand des Aquariums befestigen. Er muß ein wenig schräg im Wasser hängen, so daß innen ein »Landteil« zum Ausruhen und späteren Ausstieg frei bleibt.

✔ Das Wasser leicht durchlüften, so daß es stetig und sacht durch die Öffnungen des Behälters strömt. Durch den Filter wird es von Futter und Kotresten befreit.

Hinweis: Da Frösche in der Natur meist in kalkfreiem

Regenwasser heranwachsen, sollten Sie diese Wasserqualität auch in Ihrem Aufzuchtbecken anbieten. Verwenden Sie, wenn es Ihnen zur Verfügung steht, gut abgestandenes Regenwasser, das Sie zuvor mehrere Stunden belüftet und über einen Motor-Aktivkohlefilter gefiltert haben (→ Klimaregulierung, Seite 29).

Paarungsverhalten

Im Prinzip geht es bei den Froschlurchen immer darum, daß das Männchen ein Revier besetzt, dieses gegen Konkurrenten verteidigt und ein Weibchen zu überzeugen versucht, seine Eier mit ihm in seinem Revier abzulegen.

Balz: Sie wird mit mehr oder weniger lauten Rufen eingeleitet, mit denen die Froschmännchen ihr Revier kennzeichnen und so die Weibchen anlocken. Was beim Teichfrosch vielleicht manchen Nachbarn verärgert, wird Sie bei Ihren kleinen Pfeilgiftfröschen erfreuen. Sie verfügen nämlich über einen ausgeprägten Melodienschatz, den sie mit zierlichem Trillern vortragen. Je nach Artzugehörigkeit dauert die Werbephase mehrere Stunden bis mehrere Tage, ehe es zur Paarung kommt (→ Seite 46).

Paarung: Als häufigstes Paarungsverhalten bei Fröschen und Kröten beobachtet man, daß die Männchen ihre Weibchen von hinten umklammern. Viele Arten umklammern vor den Hinterbeinen, andere unter den Achseln.

Befruchtung der Eier

Sowohl Frosch- als auch Krötenmännchen befruchten die Eier erst, nachdem die Weibchen zur Ablage animiert wurden. Bei den meisten Arten geschieht dies an Land. Bei den

*Ein Pärchen Rotbauchunken
in Balzstimmung.*

Zur Eiablage braucht der Gelbgebänderte Baumsteiger ein Laichhäuschen.

wasserlebenden Schwanzlurchen findet häufig keine direkte Paarung statt. Die Männchen setzen in der Regel ihren Samen in der Form eines Pakets ab, das vom Weibchen mit der Kloake aufgenommen wird. Die Eier werden dann im Inneren des Weibchens befruchtet und einzeln abgelegt.

Brutpflege: Werden die Eier außerhalb eines Gewässers abgelegt, erfolgt eine Brutpflege durch Bewässerung der Gelege, gelegentlich eine Verteidigung bis hin zur Versorgung der Larven mit Futter (unbefruchtete Eier, sogenannte Nähreier, werden dazu gelegt).

Viele Frösche und Kröten, zum Beispiel unsere Gras- und Teichfrösche sowie die Erdkröten, paaren sich in ihrem Heimatgewässer, in dem sie zur Welt gekommen sind. Im Gegensatz zu den in diesem Ratgeber besprochenen Fröschen

kümmern sie sich nach der Befruchtung der Eier nicht weiter um das Gelege.

Hinweis: In diesem Buch kann nur kurz auf das vielfältige Fortpflanzungsverhalten bei den Amphibien eingegangen werden. Es soll Sie lediglich ermutigen, auf das größtenteils hochinteressante Paarungs- und Eiablageverhalten Ihrer Pfleglinge ein besonderes Augenmerk zu richten und in der weiterführenden Spezialliteratur nachzulesen. In den Steckbriefen (→ Seite 12-19) ist außerdem darauf hingewiesen, wo die Tiere ihre Eier ablegen, damit Sie wissen, ob Sie großblättrige Pflanzen, Bromelien oder andere Hilfen zur Verfügung stellen müssen.

Erbrütung großer Eimengen

Amphibien aus gemäßigten Breiten, wie unsere heimischen Frösche und Kröten, setzen Eier in großer Zahl ab. Das trifft auch auf große exotische Frösche zu. Die Gelege, die oft mehrere 100 Eier umfassen, werden dem Terrarium entnommen und in ein gesondertes Plexiglasaquarium verbracht, das zur Hälfte mit Wasser gefüllt ist. Für gleichbleibende hygienische Verhältnisse sorgen durch täglichen Wechsel des Wassers (→ Aufzuchtbehälter, Seite 40). Nach dem Schlupf die Larven nach und nach mit einem kleinen Teesieb herausfangen und in ein frisches Aquarium mit Wasser derselben Qualität umsetzen.

Erbrütung einzelner Eier

Einige Pfeilgiftfrösche (→ IM PORTRÄT, Seite 12-19) und alle Schwanzlurche legen ihre Eier vereinzelt und nicht im Gallertverband ab. Einzeln aufzuziehende Eier werden in je einen125-g-Quarkbecher verbracht und an den Rand des Aufzuchtaquariums geklammert. Nach dem Schlupf die Larven in den Behältern lassen und bis zur Umwandlung mit eiweißreichem Zierfisch-Trockenfutter füttern.

Das Ausbrüten von Schaumnestern

Werden Eier in einem Schaumnest abgelegt, muß dieses unmittelbar danach in das Aufzuchtbecken verbracht werden. Sonst haben sich die meisten Eier bereits im tiefsten Bereich des Schauminneren angesammelt, und es kann zum Absterben der Brut und zur Auflösung des Schaumnestes kommen. Füllen Sie ein kleines 2-l-Plexiglasaquarium zur Hälfte mit aufbereitetem Wasser (→ Seite 40), und legen Sie das Schaumnest auf die Wasseroberfläche. Sobald die Kaulquappen das Nest verlassen, mit einem Teesieb einfangen und in ein gleich großes Aquarium mit gleicher Wasserqualität setzen. Den sich auflösenden Schaumrest entsorgen.

Ausbrüten von Eiern, die an Blätter und Steine geheftet sind

Belassen Sie die Eier an der Unterlage und setzen Sie sie in ein 2-l-Plexiglasaquarium. Das Wasser darf nur so weit an den Rand des Geleges reichen, daß die schlüpfenden Tiere hinein-

Werdegang eines Frosches: Eier im Gallertverband (1). Larven sind geschlüpft (2). Ausgewachsene Kaulquappe (3). Hinterbeine sind ausgebildet (4). Vorderbeine sind frei (5). Landübergang, Schwanz ist aufgezehrt (6).

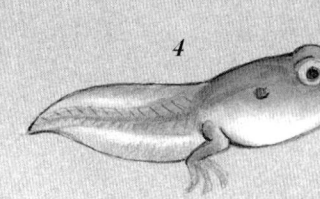

gleiten können. Das bedingt einen relativ flachen Wasserstand und eine gute Kontrolle der Wasserqualität. Nach dem Schlupf werden die Larven mit einem Teesieb in einen sauberen Aufzuchtbecher umgesetzt.

Aufzucht der Kaulquappen

Für viele Kaulquappen brauchen Sie ein Aquarium mit 40x60 cm Grundfläche oder größer. Dreiviertel mit sauberem Wasser füllen und ständig aufgetauten Tiefkühl-Blattspinat (frischer ist evtl. unverträglich), Brennesseltee (fein zerrieben), frische Löwenzahnblätter und Zierfisch-Trockenfutter anbieten. Als Abwechslung Pellets zur Aufzucht von Jungfischen (Teichwirtschaften) zerreiben und aufs Wasser streuen. Darauf achten, daß diese nicht mit Antibiotika oder anderen Medikamenten versetzt sind. Kaulquappen von Schwanzlurchen fressen von Anfang an lebende Wassertiere wie Tubifex oder Zuckmückenlarven und müssen mit Frischfängen oder aufgetautem Frostfutter gefüttert werden. Für ständigen Wasserwechsel sorgen, da sich Futter- und Kotreste sehr schnell zersetzen und die Larven schädigen können.

Hinweis: Es gibt einzelne Färberfrösche, die ihre Kaulquappen selbst füttern (→ IM PORTRÄT, Seite 12-19). Es wäre in diesem Fall ein Fehler, die Larven von Hand aufzuziehen. Lediglich dann, wenn die Froschmutter sich nicht um ihre Larven kümmert, kann man die Aufzucht mit flüssigem Eigelb selbst versuchen.

TIP

Erfolgreich züchten

Achten Sie bei der Haltung mehrerer Tiere pro Terrarium darauf, daß das Geschlechterverhältnis ausgeglichen ist. Konkurrieren zum Beispiel zu viele Männchen miteinander, kann das einen Zuchterfolg verhindern. Andererseits stimuliert die Gegenwart eines männlichen Rivalen das Fortpflanzungsverhalten, da Konkurrenzkämpfe die Partner erst richtig in Gang bringen und so zu einem Befruchtungserfolg führen (→ Balz, Seite 40). Sollte es im Schauterrarium aus den genannten Gründen zu Störungen kommen, ist es besser, ein Pärchen in ein extra Zuchtterrarium zu setzen. Oberstes Gebot für eine erfolgreiche Aufzucht ist erstklassige Hygiene und eine abwechslungsreiche, vitamin- und mineralstoffreiche Ernährung der Elterntiere sowie der Kaulquappen und der verwandelten Jungtiere. Sorgen Sie außerdem hinsichtlich Temperatur und Luftfeuchtigkeit für das jeweilige Vorzugsklima (→ IM PORTRÄT, Seite 12-19).

6

5

VERHALTEN UND KÖRPERBAU

Viele Menschen betrachten Amphibien als sehr niedere Tiere, die der Beachtung nicht wert sind. Um so überraschter sind sie dann, wenn ihnen vor Augen geführt wird, daß eine ganze Reihe von Verhaltensweisen ihrer Pfleglinge geradezu menschlich anrührende Züge aufweisen.

Aufregende Vielfalt

Alle Amphibien werden leicht zur Beute hungriger Verfolger und sind deshalb in ihrem Aussehen und Verhalten meist recht unauffällig. Lediglich solche mit Giftdrüsen oder giftiger Haut können es sich erlauben, weithin sichtbar in der Öffentlichkeit zu prangen. Ihr farbenprächtiges Kleid warnt jeden, sie als Nahrung zu betrachten.

So ist Tarnung zwar bei den meisten Arten das oberste Gebot zum Überleben, doch wenn es an die Paarungszeit geht, entfällt alle Vorsicht. Auch für Sie ist dann die Beobachtung Ihrer Pfleglinge am interessantesten. Hier entwickeln sie ihr gesamtes Verhaltensmuster geradezu »hemmungslos«. Wegen der außerordentlichen Vielfalt kann in diesem Buch allerdings nur auf einzelne Beispiele eingegangen werden.

Überlebensstrategie

Die am weitesten verbreitete Überlebensstrategie der Amphibien besteht darin, in einem »Tarnkleid«, in dem sie nahezu perfekt an ihre Umgebung angepaßt sind, völlig bewegungslos dazusitzen. So werden sie am leichtesten übersehen. Wem ist nicht schon einmal ein Teichfrosch im letzten Augenblick vor den Füßen ins Wasser gesprungen, ohne daß man ihn zuvor gesehen hätte.

Eine andere Strategie ist die Verlegung der Aktivitätszeit in die Nacht, da weniger Freßfeinde, etwa Vögel, unterwegs sind. Dabei spielt die Anpassung an die Aktivitätszeiten der Beutetiere auch eine Rolle (→ Seite 46).

Die Warnfärbung der knallbunten, tagaktiven Baumsteiger wäre wiederum nutzlos, würde sie nachts zur Schau getragen werden, wo sie niemand sähe. Hier soll ja die auffällige Färbung Angreifer davor warnen, zuzubeißen, da deren Tod die Folge wäre.

Unsere einheimischen Erdkröten vergraben sich tagsüber, um ungestört zu schlafen. Doch sind sie sich ihrer Wehrhaftigkeit, die sie durch ihre giftigen »Ohrendrüsen« besitzen, durchaus bewußt und richten sich hoch auf allen vieren auf, um Angreifer abzuschrecken.

Auffällig reagiert die Unke; bei Beunruhigung läßt sie sich mit durchgebogenem Rückgrat in der sogenannten Kahnstellung starr im Wasser treiben und stellt sich tot.

Viel Platz zum Klettern braucht der Rotaugenlaubfrosch.

Wichtige Verhaltensweisen

<u>Aktivitätsphasen:</u> Es müssen durch Tag und Nacht bedingte Aktivitätsphasen von jahreszeitlich bedingten unterschieden werden. Tag- und Nachtaktivität ist nicht nur ein Ergebnis der Feindvermeidung, sondern mehr noch die Reaktion auf das tageszeitlich unterschiedliche Auftreten der Beute. »Man« verbringt die Zeit sinnvollerweise schlafend, wenn es ohnehin nichts zu holen gibt, und spart auf diese Weise kostbare Energie. Die Dämmerung ist dabei jeweils die Zeit des »Wachwechsels«.

Aus demselben Grund überwintern in unseren Breiten die heimischen Lurche bzw. überdauern einige in Wüstengebiete vorgedrungene Frosch-arten, im Sand vergraben, die Trockenzeiten. Sobald der erste Regen fällt, tauchen sie auf und fangen unverzüglich an, sich fortzupflanzen. Beginnt das Gewässer wieder auszutrocknen, graben sie sich in den noch feuchten Schlamm ein und gehen erneut zur Ruhe über.

<u>Plätze:</u> In der Regel suchen Lurche immer wieder dieselben Schlafplätze auf, weil diese sich in puncto Sicherheit bewährt haben. Ähnlich ökonomisch verhalten sie sich auch bei der Jagd. Wie ein Jäger auf seinem Ansitz nehmen sie einen günstigen Platz ein, zum Beispiel neben einer duftenden Blüte, die Insekten anlockt, und warten, bis sich eines in Reichweite niederläßt. Sie helfen sinngemäß mit dem Schälchen Obstsaft, um das sich die Frösche in Erwartung der Essigfliegen versammeln (→ Ernährungsregeln, Seite 38).

Auf der Suche nach Futter, ruhigen Schlaf- und sicheren Laichplätzen hat es die Lurche nicht nur auf der Erde gehalten. Sie eroberten die Baumkronen der Regenwald-riesen, wie zum Beispiel die Pfeilgiftfrösche, oder besiedelten die unwirtlichen Steppen dieser Erde. Manche sind sogar in Höhlen hinabgestiegen, wie etwa der Grottenolm in Europa, und nie wieder ans Tageslicht zurückgekommen.

<u>Paarungsverhalten:</u> Zur Paarungszeit hingegen verhalten sich Lurche auffälliger. In der Regel sind es die Männchen, die aktiv um die Weibchen werben und auch von diesen bemerkt werden wollen. Das kann durch ein besonders prächtiges Hochzeitskleid mit langen, nur zur Balzzeit entwickelten »Kämmen« (Hautsäumen) auf Rücken und Schwanz geschehen (→ Marmormolch, Seite 18) oder durch Lautäußerungen (→ Seite 47).

Körpersprache

Über Lautäußerungen verfügen nicht alle Tiere, aber über eine Körpersprache. Wer sie lesen kann, versteht sein Tier besser. Allerdings ist diese »Sprachbegabung« unterschiedlich ausgeprägt. Während sich unsere heimischen Kröten und Frösche mit einfachen Verhaltensmustern zufriedengeben, haben

Mit der blitzartig hinausschnellenden Zunge wird die Beute gefangen und mit einem »Haps« hinuntergeschluckt.

die Pfeilgiftfrösche das auffälligste Werbeverhalten unter den Froschlurchen entwickelt, zusammen mit einer zum Teil intensiven Brutpflege. Erstaunlich ist dabei auch, wie wenig es sich im Prinzip manchmal von dem des Menschen unterscheidet.

Das im folgenden beschriebene Beispiel des Zwergbaumsteigers ist nur eines aus der außerordentlich umfangreichen Palette im Werbungs- und Paarungsverhalten der Frösche und Molche. Nicht immer ist es so differenziert, doch werden Sie bei Ihren Pfeilgiftfröschen diese oder ähnliche Elemente wiedererkennen. Lassen Sie sich davon anregen, in der weiterführenden Fachliteratur nach Beschreibungen zu suchen (→ Seite 62) oder aber eigene Beobachtungen anzustellen.

Das Revier gegen Eindringlinge verteidigen

Der Zwergbaumsteiger (*Dendrobates minutus*), der auch gut im Terrarium zu pflegen ist (Lebensansprüche wie Raketenfrosch → Seite 12), »besitzt« in der freien Wildbahn einen Stein am Rand von Gewässern. Dort ruft er auch und dokumentiert seinen Revieranspruch. Kommt statt des erwarteten Weibchens ein männlicher Rivale, stützt sich der kleine Frosch auf alle viere und macht sich groß und »breit«, damit er auch wirklich gut zu sehen ist. Ein spezieller Ruf erweckt zusätzlich Aufmerksamkeit und bedeutet eine erste Warnung. Der Neue wird es zunächst darauf ankommen lassen, so daß der Steinbesitzer ihm entgegenspringen muß. Da er sich vorher entsprechend »aufgebaut« hat, ist er in der Regel im Vorteil. Also wird sich der Eindringling abwenden und ein anderes Revier suchen.

Selbstbewußte Eindringlinge nehmen auch einen Kampf in Kauf. Die werden dann von dem Revierbesitzer mit dem Kopf gerammt. Will keiner von beiden nachgeben, beginnen die zwei einen regelrechten Ringkampf, wobei sie sich auf die Hinterbeine aufrichten und mit den Vorderbeinen fortzudrücken versuchen. Wie einfach haben es dagegen bei unseren heimischen Fröschen die Männchen, die sich im Laichgewässer versammeln und solange quaken, bis die Weibchen nachgekommen sind. Und bei den Kröten Europas ist es nicht anders.

Ein Weibchen gewinnen

Gerät ein Weibchen in das Revier des Zwergbaumsteiger-Männchens, äußert sich dieses mit freundlichen Rufen. »Übersieht« das Weibchen den Verehrer, richtet der sich auf allen vieren auf und stakst auf die Auserwählte zu. Ist diese weiterhin unbeeindruckt, stellt er sich hochbeinig vor sie hin, pumpt sich auf, ruft sie erneut an und wiegt dabei den Oberkörper von links nach rechts. Das Weibchen verharrt, um sich das Männchen zu betrachten. Dieses fühlt sich bestärkt und beginnt, abwechselnd die Vorderbeine auf- und abzubewegen. Es moduliert seinen Revierruf zum Werbelaut und führt das Weibchen zur Eiablagestelle. Bis zur endgültigen Eiablage sind jedoch noch viele Rituale dazwischengeschaltet.

Lautsprache

Während Schwanzlurche zu Lautäußerungen nicht in der Lage sind, haben Frösche, Kröten und Unken die Möglichkeit, sich mehr oder weniger lautstark zu äußern. Bei den Fröschen werden die Rufe durch den Einsatz von Schallblasen verstärkt, so daß Sie sich wundern werden, wie relativ laut die winzigen Baumsteiger trillern oder anderweitig rufen können. Krötenrufe sind dagegen recht leise, ebenso wie die Rufe der Unken (→ IM PORTRÄT, Seite 12-19).

VERHALTEN
DOLMETSCHER

Wenn Sie Ihren Lurch verstehen wollen, müssen Sie sein Verhalten richtig deuten können.

 Dieses Verhalten zeigt der Lurch.

 Was will der Lurch damit ausdrücken?

 Das lerne ich aus seinem Verhalten.

 Der Frosch wartet, bis eine Fruchtfliege herankommt.

 Er ist auf Beutefang.

 Für die Fliegen ist er »unsichtbar«.

Der Frosch erkundet das Terrarium.

Er ist hungrig.

Zeit, zu füttern.

Der Frosch sitzt im Laichhäuschen.

Er hat ein Revier besetzt.

Balzzeit beginnt bald.

 Der Laubfrosch, tagsüber zusammengekauert auf einem Blatt.

 Er hat seine Schlafstellung eingenommen.

 Er ist nachtaktiv.

👆 Die Rotbauchunke schaut aus dem Wasser.

❓ Sie beobachtet die Umgebung.

❗ Sie wartet auf anfliegende Insekten.

Der Frosch trägt eine Quappe auf dem Rücken. 👉

Das Männchen betreibt Brutpflege. ❓

Nicht einmischen. ❗

👆 Der Frosch richtet sich auf allen vieren auf.

❓ Er will einen Rivalen abschrecken.

❗ Der Frosch zeigt Imponierverhalten.

Zwei Frosch- 👉
arten friedlich
nebeneinander.
Sie vertragen ❓
sich gut.
Die beiden ❗
können zusam-
men gehalten
werden.

👆 Zwei Molche beriechen sich.

❓ Annäherung von Männchen und Weibchen.

❗ Balzverhalten (Kontaktaufnahme).

Sehen, Hören, Riechen

Sehen: Die Augen der Frosch- und Schwanzlurche sind im Prinzip ebenso aufgebaut wie die des Menschen oder anderer Wirbeltiere. Durch die Stellung seitlich am Kopf ist ihnen der Überblick über ein relativ großes Umfeld gewährt. Beim entspannten »Geradeausblick« erfassen sie deswegen auch einen großen Teil der Vorgänge, die sich im Rücken abspielen, und erkennen Freßfeinde rechtzeitig. Am besten sehen sie auf eine Distanz von etwa 1 m.

Hören: Für Frösche und Kröten, die ihre Stimme einsetzen, spielt das Gehör eine größere Rolle als für Molche und Salamander. Doch nicht das hinter dem Auge sichtbare Trommelfell, sondern die Lunge empfängt die Schwingungen und überträgt sie auf das Innenohr. Kaulquappen hören nicht wie die erwachsenen Tiere, sondern nehmen Druckschwankungen im Wasser wie die Fische über ein sogenanntes Seitenliniensystem wahr.

Riechen: Amphibien nehmen Geruchsstoffe aus der Luft sowie im Wasser mit einem besonderen Organ in der Nasenhöhle auf. Dieses Organ bildet sich erst im Laufe der Umwandlung zum erwachsenen Tier vollständig aus.

Mit seinen Haftzehen kann sich der Laubfrosch überall festhalten.

Der Körperbau

Als die Fische das Land eroberten und zu Lurchen wurden, mußten ihre Flossen echte Stützarbeit leisten und sich zu kräftigen Armen und Beinen umwandeln. Weiter bildeten sich Finger und Zehen, aus der Kiemen- wurde eine Lungenatmung, und auch die Haut paßte sich den neuen Gegebenheiten an, indem sie einen Schutz gegen Verdunstung entwickelte.

Gliedmaßen

Beine: Bei den Fröschen fallen besonders die kräftigen Hinterbeine auf, die ihnen erlauben, große Sprünge zu machen. So hat sich der Springfrosch dadurch seinen Namen verdient, daß er gut 2 m weit und 1 m hoch springen kann.

Finger und Zehen: Lurche haben vier Finger und fünf Zehen. Je nachdem, ob sie klettern, graben oder schwimmen, sind diese mit Haftscheiben, Hornleisten oder Schwimmhäuten und sogar Krallen ausgestattet. Zum Beispiel kann der Greiffrosch (→ Seite 18) Daumen und Zeigefinger gegeneinander bewegen und so an dünnen Ästen klettern. Der amerikanische »Schaufelfuß« hat seinen Namen daher, daß er an den Hinterbeinen eine hornige Leiste trägt, mit deren Hilfe er sich schnell auch in harten Boden eingraben kann. Unsere heimischen Wasserfrösche hingegen bekommen dank ihrer zarten Schwimmhäute im Wasser einen sehr guten Vortrieb.

Mit den Haftscheiben an ihren Zehen können Laubfrösche (Hylen) und Pfeilgiftfrösche (Dendrobaten, Phyllobaten) senkrecht an Glasscheiben hochklettern (→ nächster Abschnitt).

Zunge: Da nur noch wenige Lurche ihre Nahrung unter Wasser verzehren, müssen sie die an Land aufgenommene trockene Nahrung anfeuchten und für den Schluckvorgang gleitfähig machen. Hierzu besitzen sie eine drüsenreiche Zunge mit einer eigenen Muskulatur, die ein blitzschnelles Ergreifen und Einspeicheln der Beute möglich macht. Je nach Art ist sie mehr oder weniger lang.

Haut

Eines der »Markenzeichen« von Fröschen ist ihre nackte, feuchte, weiche Haut. Diese ist mit zahlreichen Schleimzellen durchsetzt, die ihren Inhalt auf die Hautoberfläche ergießen und sie so feucht und geschmeidig halten. Bei den mehr wasserlebenden Amphibien schützt die Schleimschicht zusätzlich gegen übermäßiges Eindringen von Wasser in den Körper.
Die Schleimzellen können mehr als nur einen harmlosen Schutz vor der Umwelt entwickeln. Bei den Kröten sind sie zu Ohrendrüsen und Rückenwarzen gebündelt und produzieren ein giftiges Sekret. Und bei einigen tropischen Froscharten sind sie in Hautleisten längs des Rückens zusammengefaßt und erzeugen ein tödliches Gift (→ Seite 9).
Die Kletterer unter den Fröschen haben noch etwas Besonderes. Ihre Körperunterseite weist eine Saugnapf-Funktion auf. Das heißt, der Körper haftet wie ein Saugnapf auf Blättern oder dem Terrarienglas.

Atmung

Die Lungen der Frösche entsprechen den umgewandelten Schwimmblasen der Fische. Sie sind fast ebenso einfach gebaut, bei vielen Schwanzlurchen auch wieder rückgebildet. So benutzen Amphibien neben der Körperoberfläche auch die Mundhöhle als Lungenersatz. Durch Hebung und Senkung des Mundbodens

T I P

Auf Temperaturen achten

Viele Lurcharten stammen zwar aus tropischen Gebieten, dennoch dürfen sie nicht einfach nur »warm« gehalten werden. Kommen sie nämlich aus Gebirgsregionen, »Nebelwäldern«, wo es relativ kühl ist, brauchen sie ein vergleichbares Terrarien-Klima. Bei hohen Lufttemperaturen von 32 °C und mehr schützen sich die Tiere, indem sie sich zum Beispiel unter Wurzeln und Laub zurückziehen, wo es nur noch etwa 24 °C warm ist. Bitte beachten Sie deswegen die Angaben dazu in den Porträts genau (→ Seite 12-19).

wird ständig sauerstoffreiches Wasser oder frische Luft in die Lungen und wieder zurück in die Mundhöhle gepreßt. Sie können das gut an der rhythmischen Bewegung der Kehle beobachten.

Körpertemperatur

Frösche sorgen dafür, daß ihre Körpertemperatur immer zwischen 28 und 33 °C liegt. Dies gelingt ihnen etwa durch sorgfältige Auswahl eines Sonnenplatzes und den anschließenden Wechsel in kühlendes Wasser. Wasserlebende Frösche regeln ihre Körpertemperatur durch Aufsuchen wärmerer oder kühlerer Zonen. Laubfrösche, die den ganzen Tag in der prallen Sonne sitzen, können ihre Körpertemperatur dennoch auf gleicher Höhe halten, da sie Wasser in ausreichender Menge verdunsten. Sorgen Sie also dafür, daß verschiedene »Ecken« mit unterschiedlichen Temperaturen zum Aufwärmen und Abkühlen zur Verfügung stehen.

GESUNDHEITSVORSORGE UND KRANKHEITEN

Man muß davon ausgehen, daß Amphibien ein gewisses Maß an Krankheitskeimen ständig mit sich herumtragen. Diese müssen aber nicht zur Erkrankung führen, solange Sie für günstige Lebensbedingungen im Terrarium sorgen. Dazu gehören Sauberkeit, die richtige Temperatur und eine artgerechte Ernährung.

Quarantäne

Sie ist die beste Vorsorgemaßnahme und sollte unter allen Umständen eingehalten werden. Gerade während des Transports sind die Tiere großem Streß ausgesetzt, besonders anfällig für Ansteckungen und auch geschwächt, so daß verborgene Krankheiten zum Ausbruch kommen können. Es ist also wichtig, jeden Neuankömmling solange im Quarantäneterrarium zu halten, bis Sie sicher sind, daß von ihm keine Ansteckungsgefahr ausgeht.

Dabei beachten Sie bitte, daß Ihr Pflegling bereits in der Quarantäne keinen Mangel leiden darf. So muß das Klima den Angaben im Porträtteil entsprechen (→ Seite 12-19), sollten Versteckplätze und möglichst lebendes Futter angeboten werden.

Fröschen kann eine »stressige« Umgebung ebenso auf den Magen schlagen wie uns Menschen. Deshalb ist es hilfreicher, ihnen eine »Schonkost« in Form kleiner Futterinsekten zu verabreichen, als »dicke Brummer« anzubieten. Umgekehrt würde es sich genauso schädlich

Der Dendrobates ventrimaculatus wurde erst vor kurzem entdeckt.

auswirken, sie gleich am ersten Tag viel fressen zu lassen. Haben Ihre Pfleglinge nämlich seit einigen Tagen aufgrund äußerer Umstände hungern müssen, kann eine plötzliche Fütterung großer Mengen zum Tod führen. Sie wären viel zu gierig und würden alles auf einmal verschlingen, dies aber noch nicht angemessen verdauen können. Deshalb ist es wichtig, Neulinge durch vorsichtiges, gemessenes Anfüttern bei Gesundheit zu halten und auch auf diesem Wege vorbeugend einzuwirken.

Quarantäneterrarium: Es genügt ein 30 l-Kunststoffaquarium mit Deckel. Wasserlebende Froschlurche brauchen ein geeignetes Versteck, etwa eine Kunststoffröhre oder einen umgestülpten Ton-Blumentopf, in dessen Rand ein Loch als Eingang gebrochen wurde. Für landlebende Froscharten reicht vorübergehend eine nasse Schaumstoffmatte, die leicht zu reinigen und zu desinfizieren ist.

Bei längeren Aufenthalten, etwa für Tiere, die während der Haltung erkranken, können Sie das Quarantäneterrarium auch nach Art eines »normalen« Terrariums etwas aufwendiger dekorieren und bepflanzen. Achten Sie aber immer darauf, daß das verwendete Material eine leicht zu reinigende Oberfläche hat. Auch die Pflanzen müssen pflegeleicht sein. Dabei ist Erde tabu, doch manche Rankpflanzen gedeihen auch im Wasser wie etwa *Scindapsus*.

Genau beobachten

»Das Auge des Herrn macht die Kühe fett.« Diese Bauernregel gilt auch für Ihr Auge, das Sie zum gesundheitlichen Vorteil Ihrer Frösche trainieren sollten. Mit einem guten Blick für das Verhalten gesunder Tiere sind Sie beim Kauf in der Lage, solche, die sich wohl fühlen, von denen zu unterscheiden, die nicht richtig »auf dem Damm« sind und möglicherweise eine Krankheit in sich tragen. Auf diese sollten Sie von vornherein verzichten, denn die Aussichten für eine erfolgreiche Behandlung erkrankter Frösche sind eher mäßig. Das liegt an der Kleinheit und Empfindlichkeit der Tiere, die auf Heilmittel reagieren können, als würden ihnen Gifte verabreicht.

Im Quarantäneterrarium haben Sie nicht nur die Möglichkeit, Ihren Pflegling genau zu beobachten und sich Klarheit über seinen Gesundheitszustand zu verschaffen. Sie können auch Veränderungen in seinen Verhaltensweisen feststellen, um die Sie wissen sollten, bevor Sie ein neues Tier zu bereits vorhandenen setzen. Wenn Sie sich noch nicht so gut auskennen, können Sie sich Rat bei einem erfahrenen Terrarienhalter holen.

Unbedingte Sauberkeit

Einwandfreie Hygiene im Terrarium ist eine weitere wichtige Vorsorgemaßnahme. Dazu gehört insbesondere die Freihaltung der bevorzugten Sitzplätze von Kotresten und beste Wasserqualität (→ Pflege, Seite 34, und Aufzuchtbehälter für Kaulquappen und Jungfrösche, Seite 40). Was Sie in einigen Krankheitsfällen tun können, ist auf der Seite 58 beschrieben.

Gesunde Frösche bewegen sich ruhig und zeigen Interesse an ihrer Umwelt.

Krankheitsanzeichen erkennen

Erscheinungsform der Krankheit	Ursache
Hautknoten, die den Anschein erwecken, als sei ein Stecknadelkopf darunter.	Vermutlich Abszesse, entstanden durch Hautverletzungen und anschließende bakterielle Infektion.
Bräunliche »Leberflecken«.	Äußerliche Pilzerkrankungen möglich.
Die Haut ist gerötet, schwammig, das Gewebe geschwollen und »wabbelig« von eingelagerter Körperflüssigkeit.	Vermutlich bakterielle Infektion, die sogenannte »Red leg«-Seuche.
Die Haut ist aufgetrieben, aber normal gefärbt. Der Leib wirkt aufgebläht.	Vermutlich Wassersucht durch Virus-Infektion.
Kot nicht geformt, gegebenenfalls blutig, steife »Schonhaltung« des Hinterleibs.	Möglicherweise Infektion mit Amöben.
Grauer Belag auf Haut und/oder Kiemen von wasserlebenden Amphibien. Im Anfangsstadium der Krankheit sind die Tiere unruhig und scheuern sich, im Endstadium sind sie apathisch.	Befall mit Wimpern- und Geißeltierchen möglich.
Hautveränderungen, vor allem in Körperfalten.	Auf Milbenbefall prüfen.
Fliegenmaden in den Nasenhöhlen, besonders von Kröten.	Parasiten; werden mit der Pinzette entfernt.
Extremitäten bzw. Wirbelsäule mit auffälligen Verkrümmungen oder Verbiegungen.	Knochenerweichung, Rachitis.
Zart hellrosa bis schwarzbraunes Gewebe an der Kloake, das nicht abzustreifen ist.	Darmvorfall.
Hautrest, vor allem an Fingern und Zehen und an der Augenregion, mit dunkler gefärbtem Gewebe darunter.	Hautreste wegen mangelhafter Häutung, was zum Absterben des darunter liegenden Gewebes führen kann (Verlust von Fingern etc.).
Offene, blutige Geschwüre (Krater) in der Haut.	»Molchpest«.
Pfeilgiftfrösche zeigen Krämpfe und Lähmungserscheinungen.	Möglicherweise verursacht durch Schäden des Hautsekrets anderer Frösche.

Für artgerechte Lebens-bedingungen sorgen

Parasiten, Bakterien und Pilze sind sozusagen ständige Begleiter von Amphibien. Äußerlich nicht erkennbar, können die Tiere damit leben, solange sie im Terrarium artspezifische Bedingungen vorfinden. Das heißt, daß Temperatur und Luftfeuchtigkeit stimmen müssen und die Ernährung ausgewogen und mit den entsprechenden Vitaminen und Spurenelementen versehen ist (→ Futterzusätze, Seite 36).

Hinweis: Als unerfahrener Terrarienhalter sollten Sie nicht selbst experimentieren und Medikamente »vorbeugend« verabreichen. Suchen Sie sich rechtzeitig einen Tierarzt, der sich mit Amphibien auskennt. Auch ist es gut, mit Untersuchungsstellen für Amphibien- und Reptilienkrankheiten Kontakt zu halten (→ Adressen, Seite 62).

Der Fünfstreifen-Baumsteiger ist ein Frosch, der hoch hinaus will.

Erste Krankheitsanzeichen

Noch bevor eine offenkundige Erkrankung sichtbar wird, zeigen die Frösche oft bereits durch ihr Verhalten, daß mit ihrer Gesundheit nicht alles im Lot ist. In der Regel lassen folgende Wahrnehmungen auf ein allgemeines Unwohlsein oder eine beginnende Krankheit schließen:

✔ Zunehmende Teilnahmslosigkeit;
✔ Koordinationsstörungen bei der Nahrungsaufnahme;
✔ fehlender Appetit und Abmagerung;
✔ dauerhafte Veränderung des Farbkleids, das heißt, die Hautfarbe wird entweder blasser oder dunkler.

Es ist durchaus möglich, daß derlei Veränderungen lediglich auf einem Fehler in der Haltung beruhen. Vergleichen Sie also bitte zuerst Ihre Haltungsbedingungen wie etwa Temperatur und Luftfeuchtigkeit mit den Angaben auf den Porträtseiten 12 bis 19.

Wenn Sie sich in dieser Hinsicht jedoch keine Vorwürfe machen können, sollten Sie mit Ihrem Frosch zu einem auf Lurche spezialisierten Tierarzt gehen. Bitte vergessen Sie dabei nicht die Kotprobe (→ Seite 23). Parasitenbefälle lassen sich je nach Art entweder durch eine Kotuntersuchung oder durch äußere Betrachtung des Tiers feststellen. Die entsprechende Behandlung ist nur nach Anweisung des Tierarztes vorzunehmen. Bitte halten Sie sich daran und verabreichen Sie nur Medikamente nach seinen Vorschriften. Welche Symptome auf welche Krankheiten hinweisen, können Sie in der Tabelle auf Seite 55 nachlesen.

Der Kleine Blattsteiger hingegen liebt ein dichtes Gerank am Boden.

TIP

Besondere Verhaltensweisen

Wenn Sie bei Ihrem Zwergkrallenfrosch beobachten, daß er Schaum vorm Maul hat, an etwas herumwürgt und einen sehr schlechten Eindruck macht, dann hat das seine Bewandtnis. Zu den besonderen Verhaltensweisen dieser Tiere gehört, daß sie sich mit den Krallen die Haut auf dem Rücken aufschlitzen. Anschließend ziehen sie sich diese mit Hilfe ihrer Hinterbeine wie ein »Hemd« über den Kopf und fressen sie auf. Die Prozedur macht offensichtlich Mühe, muß Sie aber nicht um Ihren Frosch bangen lassen. Auch alle anderen Frösche häuten sich, indem sie die Haut mit dem Maul abziehen und auffressen. Da dies meist in den frühen Morgenstunden geschieht, werden Sie selten Augenzeuge sein.

Die Männchen einiger Froscharten betreiben intensive Brutpflege und tragen entweder das Gelege oder die kleinen Kaulquappen auf dem Rücken herum (→ IM PORTRÄT, Seite 12-19). Schauen Sie also erst einmal genau hin, bevor Sie glauben, Ihr Frosch leide an einer krankhaften Hautveränderung.

Hinweis: Bisher ist nicht bekannt, daß irgendwelche Parasiten oder andere Krankheitserreger von Lurchen auf den Menschen übertragen worden wären und bei diesem zu einer Erkrankung geführt hätten. Achtsam sollte man bei der Handhabung der Pfeilgiftfrösche sein, die als tödlich giftig bekannt sind, auch wenn sie ihre Giftigkeit unter Menschenobhut nahezu verlieren (→ Seite 23).

Parasiten

<u>Einzeller:</u> Sehr häufig finden sich Wimperntierchen (Ciliaten) im Darm, bei Kaulquappen und wasserlebenden Arten auch auf der Haut. Der Hautparasit *Ichthyophtirius* ist derselbe, der auch bei Aquarienfischen ziemlich oft vorkommt und die Grießkörnchenkrankheit hervorruft. Ähnlich macht sich der Befall auch beim Frosch bemerkbar, nämlich mit weißen Punkten auf der Haut. Es kommt zu Darmentzündungen mit Durchfällen und/oder Rötung der Kiemen.

<u>Sporentierchen</u> (*Apicomplexa*): Sie treten vor allem in Form von Kokzidien auf. Diese verursachen Durchfälle und im weiteren Verlauf Darmentzündungen, die zum Tod führen können.

<u>Saugwürmer</u> (*Trematoda*): Oft sind Amphibien Zwischenwirte nicht für die Saugwürmer selbst, sondern für deren Larven, wobei innere Organe geschädigt werden. Es kommt zu Abmagerung. Ein solcher Befall ist nicht behandelbar. Tritt er übermäßig auf, kann er durch Schwächung des Organismus andere Erkrankungen nach sich ziehen.

<u>Bandwürmer:</u> Hier haben die meisten Lurche nur die Aufgabe des Zwischenwirtes, das heißt, sie werden von Bandwürmern in dieser Hinsicht wenig geschädigt.

<u>Rundwürmer, Spulwürmer:</u> Häufig bei Lurchen vorkommend. Befall führt zu Abmagerung. Da die Larven die Lurche durch die Haut befallen können, ist auf besondere Quarantäne und Hygiene zu achten.

<u>Außenparasiten:</u> Hauptsächlich bei frisch importierten Tieren können vor allen Dingen größere Arten mit Blutegeln, mit den Larven der Krötenfliege und/oder mit Milben befallen sein. Hier hilft eine sorgfältige äußere Begutachtung und mechanische Entfernung, das heißt, die Parasiten müssen einzeln mit der Pinzette abgenommen werden.

Hinweis: Die Larven der Krötenfliege sitzen bevorzugt in den Nasenhöhlen von Kröten, können aber auch Frösche befallen.

Hygienemaßnahmen

Bei der Behandlung von Parasiten und Wurmbefällen kann eine ständige Neuinfektion über die Haut auftreten. Das hängt damit zusammen, daß manche Wurmarten Larven ausscheiden, die sich von neuem in die Haut einbohren. Dadurch können sie das Wirtstier immer wieder befallen. Diesen Teufelskreis gilt es durch besondere Hygienemaßnahmen zu durchbrechen.

✔ Halten Sie zwei Quarantäneterrarien bereit. Dann können Sie täglich wechseln.

✔ Das benutzte mit heißem Wasser reinigen und mit einem aquaristischen Desinfektionsmittel (Aquarienhandel) gut ausspülen.

✔ Gut austrocknen lassen und am übernächsten Tag wieder benutzen.

✔ Behandeln Sie eine landlebende Froschart, wählen Sie als Unterlage am besten eine Matte aus kurzem, filzähnlichen Kunstrasen (Baumarkt); sie ist leicht zu reinigen und zu desinfizieren und zudem wasserfest.

Salben auftragen

Durch das Wasserleben der Frösche ist es schwierig, Salben dauerhaft auf der Haut aufzubringen. Hier helfen entweder Bäder in einer Medikamentenlösung oder das Auftragen fettiger Salben, die sich auch im Wasser nicht oder nur langsam ablösen.

Tragen Sie die Salbe am besten mit einem Wattestäbchen oder nach Anweisung des Tierarztes auf. Die Hautpartie gegebenenfalls vorher mit einem Papiertuch trockentupfen.

Bäder

Bäder werden in der Regel zur Behandlung von Außenparasiten oder bakteriellen Infektionen verabreicht. Das Medikament wird in möglichst wenig Badewasser aufgelöst, jedoch stets so viel, daß der Frosch im Wasser untertauchen kann beziehungsweise beim Eintauchen ganz von ihm bedeckt ist. Die Badedauer richtet sich nach der Konzentration des Medikamentes und der Vorschrift des Arztes.

Hinweis: Bei Bädern mit teuren Medikamenten wählen Sie am besten ein möglichst kleines Aquarium; dann brauchen Sie nicht so viel davon in Lösung zu bringen.

Einige Männchen tragen die Larven zu mehreren auf den Rücken und transportieren sie zu einer neuen Wasserstelle.

Die halbfett gesetzten Seitenzahlen verweisen auf Farbfotos und Zeichnungen.

Adressen, die
weiterhelfen

DGHT Deutsche Gesell-
schaft für Herpetologie
und Terrarienkunde e.V.
Geschäftsstelle: Andreas
Mendt, Locher Str. 18,
53351 Rheinbach

In vielen Städten der
BRD haben sich Stadt-
gruppen, in der Schweiz
eine Landesgruppe eta-
bliert. Die Anschriften
erhalten Sie in der Ge-
schäftsstelle.

Fragen zu Fröschen
beantworten auch

Ihr Zoofachhändler und
der Zentralverband
Zoologischer Fachbe-
triebe Deutschlands e.V.
63225 Langen,
Tel. 0 61 03 / 91 07 32
(nur telefonische Aus-
kunft möglich).

Bücher,
die weiterhelfen

(falls nicht im Buch-
handel, dann in Biblio-
theken erhältlich)

• Heselhaus, Ralf:
Pfeilgiftfrösche. Ulmer
Verlag, Stuttgart

• Heselhaus, Ralf: Tro-
pische Laubfrösche. Ul-
mer Verlag, Stuttgart.

• Jes, Harald: Das Ter-
rarium. Gräfe und Unzer
Verlag, München.

• Rimpp, Kurt: Das
Terrarium. Ulmer Verlag
Stuttgart.

• Schulte, Rainer: Frö-
sche und Kröten. Ulmer
Verlag, Stuttgart.

• Stettler, Paul Hein-
rich: Handbuch der Ter-
rarienkunde. Kosmos-
Verlag, Stuttgart.

• Walls, Jerry G.: Das
große Buch der Frösche
Kröten und Unken. Be-
de-Verlag, Ruhmanns-
felden.

• Zimmermann, H.:
Futtertiere von A-Z.
Aquarien- und Terrari-
entiere richtig ernährt.
Kosmos-Verlag, Stutt-
gart.

Zeitschriften,
die weiterhelfen

DATZ vereinigt mit
AQUARIEN MAGAZIN
(Die Aquarien- und
Terrarienzeitschrift).
Ulmer Verlag, Stuttgart.

Herpetofauna. Die Zeit-
schrift für den Terrari-
ner. Herpetofauna Ver-
lag, Weinstadt.

Sauria. Terraristik und
Herpetologie.
Terrariengemeinschaft
Berlin e.V.

TI Magazin.
Tetra Verlag GmbH,
Münster.

Der Autor

Dr. Hartmut Wilke stu-
dierte Meeresbiologie
und Fischereiwissen-
schaft an den Univer-
sitäten Mainz und
Hamburg. Promotion
über Fischkrankheiten.
Von 1973 bis 1983 Lei-
ter des Exotariums am
Zoologischen Garten
Frankfurt am Main,
bis1996 Leiter des Zoo-
logischen Gartens »Vi-
varium« in Darmstadt.
Dort gehörten Amphi-
bien- und Reptilien-
zucht zu seinen Arbeits-
schwerpunkten. Der
Autor hat über 20 Jahre
Beratungserfahrung in
der Amphibienpflege.

Der Fachberater

Erich Reubold hält und
züchtet seit über 30
Jahren Frösche in 10 ei-
genen Terrarien. Er ist
anerkannter Experte
speziell im Bereich der
Baumsteigerfrösche
(Pfeilgiftfrösche). Herr
Reubold hält auch Dia-
vorträge zum Thema
Frösche an Volkshoch-
schulen, in Vereinen etc.
Außerdem ist er
langjähriges DGHT-Mit-
glied.

Der Fotograf

Die Aufnahmen in die-
sem Buch stammen von
Uwe Anders, mit Aus-
nahme von:
Nieuwenhuizen: Seite 8,
20, 52. 56, 57,
Reubold: Seite 16 u. re.,
24, 49 o. re., 60.
Uwe Anders ist Diplom-
biologe und seit vielen
Jahren als freier Natur-
fotograf und als Kame-
ramann für Naturfilm-
produktionen tätig. Er

schreibt Artikel zu Naturthemen und unterrichtet an verschiedenen Institutionen Natur- und Reisefotografie. Im Gräfe und Unzer Verlag sind bereits zahlreiche TierRatgeber mit seinen Aufnahmen erschienen.

Die Zeichnerin

Renate Holzner arbeitet als freie Illustratorin in Regensburg. Ihr breites Repertoire reicht von Strichzeichnungen über fotorealistische Illustrationen bis hin zur Computergrafik.

Dank

Autor und Verlag danken Herrn Erich Reubold für die Fachberatung, RA Reinhard Hahn für den Beitrag »Artenschutz und Rechtsfragen zur Terrarienhaltung« und Herrn Uwe Trumpfheller für viele

Wichtige Hinweise

Pfeilgiftfrösche können ein Gift über ihre Haut ausscheiden. Dieses Gift kann auch für den Menschen gefährlich sein. Die meisten Arten verlieren aber in Menschenobhut ihre Giftigkeit nahezu ganz. Dennoch sollten Sie bei der Handhabung mit den als giftig beschriebenen Arten nach wie vor achtsam umgehen; insbesondere gilt dies für Kinder.
Im Umgang mit Terrarien- und Futtertieren ist auf strenge Hygiene zu achten. Stacheln oder Säfte mancher Terrarienpflanzen können Schäden auf der Haut, den Schleimhäuten und in den Augen verursachen. Deshalb nach der Berührung mit Tieren und Pflanzen die Hände gründlich reinigen, durch Stacheln gerissene Wunden desinfizieren, ins Gesicht gelangte Spritzer sofort abspülen und Kinder entsprechend aufklären. Bei Verletzungen zum Arzt gehen. Alle elektrischen Geräte müssen geprüft und mit dem TÜV-, GS- oder VDE-Zeichen gekennzeichnet sein (→ Seite 28-31). Bei unsachgemäßer Verlegung von Heizkabeln kann es zu einem Hitzestau und zu Brandgefahr kommen. Bitte beachten Sie die Installationsanleitung genau. Sollte Ihre Stromversorgung noch nicht mit einem zentralen Fehlerstrom-Schutzschalter (FI-Schalter) abge-sichert sein, empfiehlt sich die Anschaffung
eines mobilen F-Schalters, der für jede Steckdose geeignet ist.

An unsere Leserinnen und Leser

Wir freuen uns, Ihre Meinung zu diesem TierRatgeber zu erfahren. Bitte schreiben Sie uns, wenn Sie Berichtigungen und Ergänzungsvorschläge haben oder wenn Ihnen etwas besonders gut gefällt.

Gräfe und Unzer Verlag
Redaktion Natur
Stichwort:
TierRatgeber
Postfach 86 03 66
D-81630 München

praktische Tips aus seiner züchterischen Praxis.

Fotos: Buchumschlag und Innenteil

Umschlagvorderseite: Zwergbaumsteiger (großes Foto) und Färberfrosch (kleines Foto). Umschlagrückseite: Marmormolch
Seite 1: Färberfrosch.
Seite 2/3: Chinesische Rotbauchunke.
Seite 4/5: Rufendes Zwergbaumsteiger-Männchen.
Seite 6/7: Amerikanischer Laubfrosch.
Seite 64: Rotaugenlaubfrosch (links) und Amerikanischer Laubfrosch (rechts).

Impressum

© 1998 Gräfe und Unzer Verlag GmbH, München. Alle Rechte vorbehalten. Nachdruck, auch auszugsweise, sowie Verbreitung durch Bild, Funk und Fernsehen, durch fotomechanische Wiedergabe, Tonträger und Datenverarbeitungssysteme jeder Art nur mit schriftlicher Genehmigung des Verlages.

Redaktion: Anita Zellner
Lektorat: Katrin Behrend
Umschlaggestaltung und Layout: Heinz Kraxenberger
Zeichnungen: Renate Holzner
Herstellung: Heide Blut/Gabie Ismaier
Satz: Heide Blut
Reproduktion: Fotolito Longo
Druck und Bindung: Stürtz

ISBN 3-7742-3149-4

Auflage   4. 3. 2. 1.
Jahr   01 2000 99 98

Der Experte gibt Antwort auf die 10 häufigsten Fragen zu Frosch- und Schwanzlurchen.

1 Zeigt mein Frosch gutes Wetter an, wenn er im Terrarium nach oben klettert?

2 Sind Pfeilgiftfrösche so giftig, daß ich sie nicht anfassen darf?

3 Kann ich auch einheimische Frösche im Terrarium halten?

4 Woran erkennt man einen gesunden Frosch oder Teichmolch?

5 Können die Rufe der Frösche eventuell die Nachbarn stören?

6 Wie hoch sind die Anschaffungskosten für ein Terrarium?

7 Muß ich für meine Frösche unbedingt selbst Insekten züchten?

8 Kann man von Fröschen auch Allergien bekommen?

9 Sind Frösche empfindlich gegen Zigarettenrauch?

10 Kann ich Pflanzen im Terrarium ohne Schaden für die Frösche düngen oder gegen Schädlinge spritzen?